不老的情人：杜拉斯传

逸舟红尘 著

新世界出版社

图书在版编目（CIP）数据

不老的情人：杜拉斯传 / 逸舟红尘著. -- 北京：新世界出版社，2016.12
　　ISBN 978-7-5104-6008-1

Ⅰ.①不… Ⅱ.①逸… Ⅲ.①迪拉斯(Duras, Marguerite 1914-1996)—传记 Ⅳ.①K835.655.6

中国版本图书馆CIP数据核字（2016）第247788号

不老的情人：杜拉斯传

作　　者：逸舟红尘
策划编辑：张铁成
责任编辑：佟　盟
责任印制：李一鸣　　王宝根
出版发行：新世界出版社
社　　址：北京西城区百万庄大街24号（100037）
发 行 部：（010）6899 5968　　（010）6899 8733（传真）
总 编 室：（010）6899 5424　　（010）6832 6679（传真）
http://www.nwp.cn
http://www.nwp.com.cn
版 权 部：+8610 6899 6306
版权部电子信箱：nwpcd@sina.com
印　　刷：三河市南阳印刷有限公司
经　　销：新华书店
开　　本：710mm×980mm　1/16
字　　数：100千字　　印张：17.5
版　　次：2016年12月第1版　2016年12月第1次印刷
书　　号：ISBN 978-7-5104-6008-1
定　　价：36.80元

版权所有，侵权必究

凡购本社图书，如有缺页、倒页、脱页等印装错误，可随时退换。
客服电话：（010）6899 8638

杜拉斯传 Marguerite Duras

序　　言	杜拉斯和我 /1
第 一 章	开始抑或结束 /7
第 二 章	交趾支那的小雏菊 /24
第 三 章	西贡的少女 /40
第 四 章	玛格丽特的堤坝 /52
第 五 章	来自中国北方的情人 /64
第 六 章	重返杜拉斯 /79
第 七 章	在巴黎 /93
第 八 章	写作的起点 /106
第 九 章	写作之门 /120
第 十 章	奇特的婚恋 /134

目　录　CONTENTS

杜拉斯传 Marguerite Duras

第 十 一 章　灵魂流放地 /146

第 十 二 章　荒唐的爱情 /159

第 十 三 章　平静地生活 /176

第 十 四 章　S·塔拉的音乐 /190

第 十 五 章　与电影同行 /203

第 十 六 章　雅恩·安德烈亚 /215

第 十 七 章　两情相悦 /228

第 十 八 章　永远的中国情人 /245

第 十 九 章　最后的告白 /266

后　　　记　拒绝杜拉斯 /270

序言
杜拉斯和我

杜拉斯和我是一个人。她是正面光洁的面孔，我是面孔背后蓊郁的毛发。这是我在看到杜拉斯肖像时的第一个反应。

我把这话说给自己听，然后心里猛地刺痛一下，一道狭长的口子裂开，我掉了下去。我钻进了杜拉斯的体内，让她死去的身体带着我的欲望重生。

如果你真的爱一个人，你会时刻渴望着与她身心交融，合二为一。我爱杜拉斯，虽然这种爱不同于男女之爱，但我依旧渴望与她融为一体。当然这种融合是灵魂上的。我与杜拉斯灵魂融合的结晶就是这部《杜拉斯传》。

你可以说，我是在重塑杜拉斯，但我却想说，我是在借杜拉斯之名，写我自己。杜拉斯是我的精神图腾，我倾慕她，也蔑视她；赞美她，也诋毁她，这一切都源于我对她的那份五味杂陈的爱。

当我一个人揣摩她的时候，我喜欢叫她玛格丽特，这让我觉得与她亲近；而当我与别人谈起她的时候，我只能把她称之为杜拉斯，以示对她的敬意。玛格丽特是活在我隔壁的小姑娘，而杜拉斯是闪烁在我夜空里的星辰。

现在，我看着杜拉斯的影像，心里思绪万千，我既倾慕于她遗世独立的风骨与才华，也不屑于她放荡不羁的性情与行为。这一切的差异，不仅仅是因为她在西方，我在东方：她已仙逝，而我正盛年。

杜拉斯说，如果她不是一个作家，会是一个妓女。而我说，我想做一个作家，是因为我骨子里的传统。杜拉斯是我的镜面人。

现在我与她是如此熟悉，可在三年前，我还不知她是谁。只是一个偶然的机会，在豆瓣上看到一篇关于电影《情人》的评论，才知道了她的名字。

百度了电影《情人》，连看数遍，直到能默诵里面的一字一句，于是我不可自拔地爱上了她——玛格丽特·杜拉斯。

因为爱她，所以爱了她所有的文字。遗憾的是网络里能搜索到的关于她的信息很少。我很奇怪，这么一个传奇的女子，为什么国内有关她生平的记录那么少？是翻译的原因，还是一如她自己所说的："要了解我，读我的文字就行了。除了这些文字，没有什么能证明我的存在。"

百度了所有关于她的书籍来看，所有的书里都有她，但所有的书融合起来也不是全部的她，这是我不能忍受的。我需要一个完整的她、鲜活的她，来填充我的想象。于是我告诉我自己：也许我可以重塑一个她，用我自己的眼光、我自己的文字。

感谢好友影子，给了我坚定的支持与鼓励，让我有勇气、有动力去完成我最想完成的这件事。选择重塑杜拉斯，我心里很没底：这个奇特的女人，有着太多的粉丝，而我不敢保证我笔下的杜拉斯让他们都满意。我似乎在做一件费力不讨好的事。然而，我又何必在乎别人的评价，我写的只是属于我的"杜拉斯"，与别人的"杜拉斯"毫不相干。

开始写作的那一天，我站在镜前，看着镜子里的自己，沉思，然后用想象里的杜拉斯影像，把自己覆盖。耳边却传来她苍老的声音："我唯一感到好奇的是：人们究竟怎样看待我。你对我的看法，我很感兴趣。"

这个自大狂妄的女子，终究是有所在意的。在意的不是好印象、坏印象的价值判断，而是人们会对她做出怎样的评价，她在意的是评价的内容。那么现在，如果她知道了我的心思，是否会从坟墓里探出头来，与我探讨一番：作为一个东方女性，会如何看待她丰富的阅历与灵魂？

杜拉斯对自己的人生定义是很理性的，于是她对给自己写传记的人说："我的生活传奇，你的生活传奇，它并不存在。或者说这是个词汇学的问题。我的生活传闻，我们的生活传闻，是存在的，但这并不是我和我们的传记。是通过虚构回到过去的年代，触发灵感，从而使生命恢复活力。"我想这也是她之所以选择写作的缘由。

世间的事，没有对错，只有真假。然而她却说："在现实中，任何事情都不是真的，任何事情……"亦如佛家说的："色即是空，空即是色。一切世相都是虚妄……"让人莫名悲凉。一生丰富的情事，却不曾消减她的幻灭感。她在这个世间该是多么孤独啊！

于是，我有了与她一样的写作意境：在文字里寻找那个已经死去的自己，并用她修复自己的记忆。

说到底，杜拉斯也不过是一个普通的女人，是文字在她身上镀了一层五彩霞衣。揭开这层神秘的面纱，我相信她的迷茫与我们的迷茫一样，她的生活也是我们现实生活中最普通不过的一个剪影。而她之所以为人们所津津乐道，只是因为她的文字、她的经历，满足了人们的窥私欲。

只要你存在，就不能回避别人的质疑或者赞扬，或者是各种各样的记录和评述。而对于这些记录，你大可不必放在心上，那已经不是真实的你，你只是流传在这世上的一个传说，仅此而已……

第一章
开始抑或结束

　　夕阳的余晖透过寂静的长廊，投射在病床前的玻璃板上，在对面墙上形成几个光斑，格外耀眼。雅恩·安德烈亚放下手里的书本，向仰卧在病床上的玛格丽特·杜拉斯投去深深的一瞥。

　　疾病使她急速地衰老，脸上、额头、眼角的皱纹，如深谷沟壑般纵横交错，像极了她苍老的故乡——杜拉斯镇。一个人要怎么痴恋一个地方，才肯把它当作自己的姓氏，让它与自己的人生同辉。

雅恩·安德烈亚看着她苍老的容颜，心情变得抑郁而复杂。对于凡俗的女人来讲，衰老是一个残酷而悲凉的过程：眼看着皱纹与黑斑在脸上步步紧逼，一点点侵蚀青春的印记该是一件多么可怕的事情。然而躺在这里的这个女人是不怕的，非但不怕，反而会饶有兴趣地观察着这一切，就像在阅读一本很有趣味的书。也许，只有这个女人才会在文字里兴趣盎然地讨论自己的衰老，而不是垂头丧气，自怨自艾。她甚至以一种无比骄傲自信的语气说出了那么漂亮的句子："您现在比年轻的时候更漂亮，您从前那张少女的面孔远不如今天这副被毁坏的容颜更使我喜欢。"

人们一遍遍地读着这个漂亮的句式，却很少有人知道：这个句子出自他——雅恩·安德烈亚的口中。这个句子从他看见她的第一眼开始，就在心里酝酿，直到通过她的嘴说出来，被世人聆听，感怀。

未知道她之前，他就像大多数男人那样，在自己狭小的天地里，按部就班地演绎着自己的人生剧目，从出生到童年，到青年，一直走到那个叫作康城的地方，等待她的名字跳入他的眼帘，等待她的文字开启那场"旷世遇见"。

爱情就是一场遇见，不能想象，无法预设，就像漫天飘落的雪花，带着独特的使命落到它该飘落的地方。如果有风改变了它的方向，这种改变也是必然的。如果雅恩·安德烈亚没有遇到玛格丽特·杜拉斯，他就不是现在的雅恩·安德烈亚，他还是那个叫作雅恩·梅勒·巴蒂斯特的普通青年，在另一条未知的路途上跋涉。然而他遇见了杜拉斯，杜拉斯就是那阵改变他方向的风，改变他，只是为了创造一个全新的他，也只有这个全新的他，才可以与玛格丽特·杜拉斯比肩而立。

雅恩·安德烈亚就是杜拉斯创造出的男人，当他被她以"雅恩·安德烈亚"来命名的时候，他今生的一切就都已隶属于她。她说："有了这个名字，你就可以安心了。大家都会记住这个名字的。谁都不会忘记。"

为什么要让他安心呢？难道与她在一起，他会不安心吗？是的，她总是那么轻而易举地看清他。这一次，他是决定要离开她的，他受够了她的喜怒无常，受够了她的刁钻任性。无论她用什么手段引诱他回来，他都下定决心不会再回来的，离开她的那一刻，他就是这样决定的。然而现在他还是回来了，又回到她身边来了。

有人告诉他，如果他再不回来，他可能就永远不会再见到她了，这让他感受到痛苦。人总是面临失去的时候，才会觉得曾经拥有的珍贵，他怎么可以没有她呢？如果没有了玛格丽特·杜拉斯，雅恩·安德列亚又是谁呢？只能是一具行尸走肉。杜拉斯是雅恩·安德烈亚的灵魂啊，现在那个灵魂要去了，怎么可以？

尽管，杜拉斯经常与他谈起死亡，但是现在，当他们真正要面临死亡的时候，雅恩·安德烈亚还是感受到了恐惧。他不能让她一个人孤独地离去，所以，他选择了回来，回来陪她走完人生这最后的一程。

这是她昏迷的第三个月，心跳还在，呼吸还在，只是她的躯体一动不动，她的嘴巴一动不动，她的意识在另一个地方游离。早上，医生刚刚给她做了全面检查，依旧没有找到她昏迷的病因。

雅恩·安德烈亚却认为这是他的过错，如果不是他扬言离开她，如果他没有那么激烈地骂她，推搡她，或许她不会这么轻易地病倒，尽管她已苍老，但是她的生命力还是很旺盛的，就在昏迷的前一刻，她还在奋笔疾书，为他写一本书，她说，她要用这本书重新拿回他的爱。

一定是这本书累坏了她。想到这里，雅恩·安德烈亚就不能不痛心疾首。他痛恨自己的忘恩负义、刻薄寡恩，她创作了他，把他写进了她的人生传奇里，让他的人生与她的名字同辉，而他却让她伤心了。

他不该这样残忍，他清楚地知道，现在他就是杜拉斯的一切，是她的情人、司机、保姆、记录员……是她所需要的一切，没有他，她的生活难以想象。他明知道杜拉斯离不开他，而他却坚决离开，这难道不是赤裸裸的谋杀？

现在杜拉斯昏迷这么久了，依旧没有清醒的迹象，雅恩·安德烈亚觉得自己的错误无可原谅。那么杜拉斯呢？她就一点错误都没有吗？也不是的。这个古怪的女人，事实上，她总是每次战争的挑起者。

雅恩·安德烈亚是爱她的，这一点，杜拉斯应该毋庸置疑，他是她忠实的奴隶，愿意为她付出一切，她应该珍惜，可是她的脾气太坏了，她把雅恩·安德烈亚对她的爱当作武器击打他，还不许他有任何抵抗。

她时常骂他，打趣他，讽刺他，甚至洋洋自得地警告他："告诉我，您能去哪里？您跟一个著名的、十分聪明的女人生活在一起，您什么都不用干，吃住免费。全世界的人都想取代您呢！"不可否认，她说的全是事实，然而这不能看作她鄙视他的理由。

这些话，雅恩·安德烈亚有时候可以容忍，但是在他不高兴的时候，这些话就成了杜拉斯刺伤他的利器。虽然说与一个如此著名的女人生活在一起，并被她所爱，这足以满足他作为一个男人的虚荣心，但这并不表示他不需要她的尊重。

他们之间总是这样相爱相杀。好吧，现在，让我们把镜头切换到康城，让我们跟着雅恩·安德烈亚的回忆，回到他们的第一次相遇。看看这对情人是如何相遇相知的。事实上，在没有遇见杜拉斯本人之前，雅恩·安德烈亚先认识了她的作品。

当雅恩·安德烈亚第一次看到杜拉斯的小说时，就为她的才情所倾倒。很久之后，他还很清楚地记得那部小说的名字：《塔吉尼亚的小马群》。那时候的他在康城学哲学，是马莱伯中学法国高等师范学校文科预备班的一个学生。

当时,他和他的朋友克里斯蒂娜·B以及贝内迪克特·L同住一个套间。很偶然,他在套间的地板上发现了那本书。书是贝内迪克特的,被随意地扔在地上,与一大堆乱七八糟的书混在一起。他走过去,把书拾了起来,随手翻了翻,只是想翻一翻,但是那些独特的句子就像一道耀眼的闪电,瞬间照亮他的眼睛,触动他的灵魂。他入迷了。

那是他第一次看见她的名字:玛格丽特·杜拉斯。在此之前,他对这个作者一无所知,也没有什么人跟他提起过这个名字。但是她的小说立即就吸引了他。

她对他的吸引就这么简单。那时的她对此还一无所知,而属于雅恩·安德烈亚的一见钟情却猝然来临,然后一发不可收拾。

后来,雅恩·安德烈亚就抛开了所有别的书:康德、黑格尔、斯宾诺莎、司汤达、马居斯和别的哲学家或作家的书,事实上那些书才是他应该看的。但他拒绝了,他开始读她的书,她所有出版过的书。她写过的所有的书名、故事、人物,他都铭记在心,如数家珍。他在文字的世界里，与她促膝长谈，耳鬓厮磨。

在文字里，他听见了她的心跳，她的呼吸。他踏着她心率的节奏，翩然起舞，等待她的应和。在文字里，他读出了她的快乐与寂寞，也读出了她的迷乱与孤独，她的这些感觉，他相信自己都懂得。

她的名字，让他越来越心醉神迷。他会亲手把她的名字抄在一张白纸上，低头深吻。有时，他还会试着模仿她的签名。这与互联网时代的网恋如出一辙，只是凭着那些文字，他就爱上了创作这些文字的女人。

应该看一看她的容颜。能写出这些美丽文字的女人，到底长着怎样的容颜？他想他应该看看她真实的样子。什么时候见到她的照片的呢？

坐在病床前的雅恩·安德烈亚一边抚摸着她苍老的脸庞，一边追忆。"哦，原谅我这糟糕的记忆吧，我的确记不清了。"他喃喃自语。他忘记了是什么时候第一次见到她的照片的。不过，现在他已经守在她的身边，曾经的事，记不记得已经无关紧要。

他只记得从读她所有的作品开始，他就再也离不开她了。这已成定局。在杜拉斯辞世以后，他也消失了很长一段时间，只因他不能忍受没有她的日子。他复出后，在接受采访的时候，提起当初的这段相遇，他还是那么深情，他说："我是一个真正的读者：我立即就爱上了她写的每一个字，每一个句子，每一本书。我读了又读，把书中的句子完整地抄写在纸上。我抄她所写的东西，让自己模糊不清，成为一只抄写她文字的手。对我来说，杜拉斯成了文字本身。在我所读的东西和我这个人（我现在还是这样）之间，有一种神奇的巧合。在她和我之间，在杜拉斯这个名字和我之间，有一种巧合。"

雅恩·安德烈亚就被这种神秘的感觉撕扯着，在心里喃喃自语："我已经想把她留给自己了，我已经想保护她了。她已经跟我在一起，但她本人还不知道。我是一个读者，第一读者，因为我喜欢她写的文字，全部文字，毫无保留。'杜拉斯'这个名字，我全身心地爱她。她刚好落在我头上，我再也没有离开她，我无法离开她，永远也不能……"

带着这种奇特而狂热的爱情，雅恩·安德烈亚开始寻找与她建立联系的机会。很快，他就等到了。

1975年，康城的吕克斯电影院在放《印度之歌》。那是一部很伟大的电影作品。但在公映之初，杜拉斯并没有意识到这点，她很怕人们会不接受她的电影风格。那时，每次电影放完后，她都会亲自来剧院，参加一场关于这个电影的讨论会。

当时，作为导演的杜拉斯就喜欢与公众交谈。当雅恩·安德烈亚得知杜拉斯要来康城时，心里兴奋极了。他想买一大束鲜花，在谈论会结束的时候献给她，但又不敢买。他害羞。怎么在这座无虚席的大厅里献花？怎样才能对付那些讥笑嘲讽和插科打诨？

最终，他没有买花，只在口袋里装了一本她的书——《摧毁吧，她说》。这是当时大多数大学生都喜欢的一本书。他想要一个签名，她的亲笔签名，那样，他会觉得离自己的女神更近一步。

那天，电影的放映很顺利，当影片结束，灯光重新亮起来，杜拉斯出现在影院里了。她穿着电影制片人送给她的那件栗色皮背心，穿着那条大家都熟悉的鸡爪状花纹的裙子，脚蹬威士顿式的高帮皮鞋。那条裙子她一穿就是二十年。那件背心，她后来送给他了，现在情节还没有演变到那里。还在康城,那件背心现在还好好地穿在玛格丽特·杜拉斯身上。

为了更好地看清楚自己的偶像,自己的爱人,尽管那时杜拉斯本人还不知道这些,雅恩·安德烈亚坐在了第一排,就坐在她的对面。他向她提了一个问题,要知道如此近距离地面对自己的偶像提问,是一件很紧张的事,也许因为太过紧张,他并未把自己的问题表述清楚。面对拘谨的他,杜拉斯笑了,他没看错,他的女神对他笑了,她笑着帮助他把问题表达清楚,并且做了回答。然而雅恩却听不到她在说什么了。他眼前只闪现着她的笑容,她的声音,恍如隔世,一切都似曾相识。

他什么都听不见了,只是傻傻地看着站在那里的她,观察她的一举一动,也暗自钦佩她强大的气场。面对座无虚席的大厅,她竟然一点不紧张,这让他觉得有些不可思议。同时,他心里又有点惴惴不安,万一人们不喜欢这部电影怎么办?这会不会让她很难堪,这会不会伤害到她?她那么娇小,那么孤单地站在舞台上,像是一个等待审判的囚徒,哦,不行。一想到这些对她不利的场景要实现,他几乎难过得要流泪,他分明能感受到她的痛苦，感受到她灵魂的抽搐。

他懂得她的一切，尽管她什么都不会对他说。对她来说，这不仅仅是一部电影。她的每一部作品，无论是小说还是电影，都是她的一条命。她发疯似的爱着这部电影，爱着副领事的叫喊，爱着德尔菲娜·塞里格，爱着安娜·玛丽·斯特莱特的红裙子，爱着卡洛斯·达莱西奥的探戈。

她绝对喜欢《印度之歌》，喜欢布洛涅森林边上、印度边缘那座破败的宫殿。加尔各答就在这里，在法国。他可以看见她心里的一切。

问答终于结束了。雅恩·安德烈亚想向她献花，哦，他忘记了自己没有买花，他把手伸进口袋，那里装着她的书——《毁灭吧，她说》，他想要她的签名。但是他却害怕，她身边还围绕着十几个大学生，万一她不给他签名怎么办？他怎么应对她的拒绝？怎么办？怎么办？雅恩·安德烈亚的内心在激烈地交战。

这是最好的机会了，不能错过，不能错过。他在心里给自己打气，终于他鼓起勇气，挤了进去。他用颤抖的双手掏出那本《摧毁吧，她说》，请她签名。她——

签——了。当她低下头签名的同时，雅恩·安德烈亚怀着崇拜的心情审视她：那时，她还没这样衰老，还很健朗，眼神里充满活力。

那时候，她很会打扮自己，但是她也很吝啬。因为年少时有关贫穷的记忆太过深刻，杜拉斯一直很爱钱。她从来不担心没有男人爱她，但是她却很怕自己没有钱。她爱钱如命，对别人非常吝啬，唯独对自己很是阔绰。

她签完，把书递还给雅恩·安德烈亚，然后雅恩·安德烈亚迫不及待地对她说："我想给您写信。"杜拉斯并没有感到意外，想必平时有很多读者有过类似的请求，于是，她给了雅恩·安德烈亚她在巴黎的地址。她说："您可以照这个地址给我写信。"然后说，"我渴了，我想喝杯啤酒。"

然后，有几个年轻人就簇拥着她到火车站附近的一家小酒吧去。雅恩·安德烈亚紧紧地跟在他们身后，目不转睛地看着她，生怕漏下每一个细节。这是他第一次近距离地接触她，他很珍惜这次机会，下次相见，可能遥遥无期。

在那家叫作"出发"的小酒吧里，她喝了一杯啤酒，然后对身边的学生说："我要回特鲁维尔去了。"就起身离开酒吧，上了一辆小汽车，绝尘而去。她没有再看雅恩·安德烈亚一眼，就那么决绝而去。她肯定不会记得他。

目送杜拉斯离去，雅恩·安德烈亚怅然若失，他在酒吧里一边喝咖啡，一边把刚才经历的一切，放电影般一幕幕回放。他口袋里装着那本《摧毁吧，她说》，上面有她的签名，还有地址：巴黎第六区圣伯努瓦路五号。

那时候，还没有互联网，联系不像现在如此便捷，他只能用古老的方式把自己的信息带给她。他开始给她写信。以前，看她的书是生活的全部，现在给她写信，成为生活的全部。

每当想到自己的信会转到杜拉斯的手上，雅恩·安德烈亚就兴奋得忘乎所以。每次开始给她写信的时候，他就已经在脑海里想象她阅读信件的情景了。通过这些信，他想她会记起他，记得他，也许，会像他爱上她那样爱上他。

一切都是他心甘情愿的。不停地写，一直写。有时候，信会很短，每天写好几封。有时，又会几天不写，然后又开始写。每次信一写完，就立即把它寄走，雅恩·安德烈亚从来不看自己写的东西，或许不敢让他面对的是自己那颗爱她的心。这份爱，一开始就注定没有回应，没有结果，他爱得痴迷，也爱得绝望。

雅恩·安德烈亚到底给她写了多少信，他自己都记不清了。后来杜拉斯拿给他看的时候，大概有好几箱。最初，他并不期望能收到杜拉斯的回信。那个女人太高大了，身边尊敬她、崇拜她的人太多了，而他雅恩·安德烈亚又太卑微。

她是海拔四千米处的雪莲，而他只是大山底下无人问津的小草。他们的位置是不平等的，所以没有回信可等。雅恩·安德烈亚什么都不等。但在他内心深处似乎又在等待着什么。他心里一直有着那个狂热的念头：希望会收到她的回信。哪怕写一句亲切的话，礼貌礼貌也好，比如说"感谢您""我非常高兴收到您的信"之类。然而，没有。没有任何回音。写几句亲切的话，礼貌的话，这不是她的风格。他应该知道这一点，但是他还是不能抑制自己天真的想法，他总是这样想：总有一天，她会给我写一个字的。

他继续按那个地址写信。写了千万次的地址，他并不认识，那个房间他也不熟悉。他甚至不敢猜想这些信的结局，被她阅读，还是被她看都不看一眼就扔弃。

杜拉斯与他擦肩而过，那些信都石沉大海，雅恩·安德烈亚觉得与自己的女神失去了共振的频率。她的确不记得他了。他是谁啊，一个不知天高地厚的傻孩子，她有理由对他不屑一顾。她呢？他不过只是喜欢她的书罢了，只不过在她的《印度之歌》放映完后，见过一次的女导演罢了。

偶像与粉丝本来就不是一个段位的选手。那时的玛格丽特·杜拉斯让雅恩·安德烈亚仰视。她是高高在上的女神，有一万个理由对所有的粉丝不屑一顾。他不过是众多粉丝里的一个，几万分之一，还是百万分之一，他不确定。

想起她那时的风采，看着现在躺在病床上的她真是让人心疼。此刻的她就像一支即将熄灭的烛火，微弱的光晕，让人忧虑。

她已经昏迷一百多天了。医生照旧履行自己每天的职责：量血压、测体温，但对她的苏醒不抱任何希望。

雅恩·安德烈亚伸出手，慢慢抚摸她的脸庞，好像这样就能抚平那些凸起的沟壑与坎坷，唤醒那个游走在别处的灵魂。他甚至猜度：不知现在的她是否还有意识？如果有，那么她到底在思忖些什么？

传说，人在弥留之际会像放电影似的回顾自己的一生，给自己的落幕搭建一个满意的舞台。不知此刻的玛格丽特·杜拉斯正走在自己人生的哪一个阶段中。如果可能，她大概会选择从最初的记忆开始吧……

第二章
交趾支那的小雏菊

那是1914年的4月4日,在越南西贡那个被人叫作嘉定的地方,她年轻的母亲正在艰难地生产。

她的故事似乎不应该开始在这里。她生命的源头应该发掘于法国的杜拉斯镇——那里是她父亲的故乡,有多纳迪厄家族的祖产。但是因为她父亲埃米尔·多纳迪厄的一个贸然的决定,便把她人生序幕的开端更改了地址。

至于玛格丽特的父亲为什么会选择离开宗主国去殖

民地工作，这应该与当时法国政府的正面宣传是分不开的。为了更好地统治殖民地，这种统治不只是领土的侵占，还有文化意识的灌输与传承，所以法国亟需从本土派出大量的年轻教师去殖民地工作，于是殖民部官员就大肆宣传殖民地如何如何好，去了不但有优越的待遇，还能赚到大量的金钱。

"年轻人，快来殖民地吧，财富在等着你们！"这样赤裸裸的呼声诱惑着年轻的埃米尔·多纳迪厄，去殖民地能让他从一名普通的数学老师跃升到交趾支那的教育主任，这待遇对于渴望改变的年轻人来说，是质的飞跃。不可否认，年轻时的埃米尔·多纳迪厄肯定也是一个热血沸腾的爱国者，既然响应法国政府的号召有那么多的好处，还能"在越南领地上塑造另一个伟大的法兰西帝国"，这说法听上去是那么美好，为什么不去呢？

于是，埃米尔·多纳迪厄来到了交趾支那，在这里工作，并结婚生子。然而交趾支那的气候并不适合所有的法国人生存，那里燥热、湿闷，还时常爆发瘟疫与虫患，他的妻子阿丽斯·利维埃生就在这里因病去世。

后来他又与有着共同理想与愿望的小学教师玛

丽·勒格朗结婚。玛丽·勒格朗出生在法国的帕德卡莱，并在那里度过了最悲惨的童年。小时候，因为家境贫寒，艰难困苦磨砺着她的意志，最终这个坚强的女人意识到只有读书才能解救自己多苦多难的命运，于是她刻苦学习，凭借个人不懈的努力，以优异的成绩考进了师范学校，并且拿到了高级教师的资格证书，开始了自己的教书生涯。

玛丽·勒格朗之所以选择来交趾支那，理由与埃米尔·多纳迪厄的情景差不多。她一向是一个有理想的女人。即便有前夫的阻挠，她还是义无反顾地来了这里，并与前夫离婚。

据说，埃米尔·多纳迪厄与玛丽·勒格朗的再婚并没有得到身边人的祝福。有人怀疑玛丽·勒格朗插足了埃米尔·多纳迪厄的家庭，他的前妻还没有辞世的时候，两个人就已经勾勾搭搭。甚至有人写信给殖民地的部长检举他们，要撤销多纳迪厄的职务。

不管怎样，玛格丽特的父母还是结婚了。而且在生下玛格丽特之前，他们已经先后生下了两个儿子：皮埃尔和保尔。

嘉定的4月，正是盛夏，天气热得发狂，每个人的头顶上都像罩了一个巨型烤箱，别说劳作，就是躺着都会大汗淋漓。这种鬼天气，加上难以忍受的分娩之痛，玛丽·勒格朗几乎要崩溃了。

那时候多纳迪厄家的境遇还比较好，因为埃米尔·多纳迪厄担任交趾支那教育处主任而享受着殖民地区的特殊优待，无论是工资待遇还是住房条件都很优越。这就使得孕期中的玛丽·勒格朗不必那么辛苦地劳作，而且还能雇佣当地的越南人做奴仆，减轻她的家务负担。

如果分娩之痛可以由花钱雇人来分担，想来多纳迪厄先生也是不会拒绝的，然而这份痛，无可替代，所以玛丽·勒格朗只能在燥热的产房里挣扎着，做着最后的努力。

小家伙终于落地了，是一个女婴。玛丽·勒格朗已经累得精疲力尽，她连看都没有看一眼那个小东西，便让仆人抱去清洗了。作为已经有了两个儿子的玛丽·勒格朗来说，这个孩子的来临，并没有让她特别惊喜，或许，在她的意识里她更喜欢男孩子，终其一生，她对她的大儿子都有着一种固执的偏爱。

仆人把女婴洗净之后，重新抱回玛丽身边。玛丽依旧没有看她，却发出了一连串的谩骂："多么可怕的小畜生，多么可怜的小畜生，其丑无比的小畜生……"按照当地人的风俗，新生儿一落地就该接受如此的待遇，好像只有经过这番咒骂，才能清除那个小小生灵骨子里与生俱来的贪念与原罪，保她一世清宁。

满月之前，这个女婴都没有自己的名字，她的母亲每次给她喂奶，总是絮絮叨叨地叫她"我的小可怜虫"。直到有人向她的母亲问起她的名字，她母亲才随口说："玛格丽特，她叫玛格丽特。"

玛格丽特——译作雏菊，一种不起眼儿的小花，白色的花瓣，娇黄的花蕊，看似普通，却有一种强大的生命力，一种野性的美。就如成年后的玛格丽特·杜拉斯，有人爱她的娇艳与狂野，也有人恨她的倨傲与诱惑，她复杂而离奇的人生经历，让人感叹，也令人着迷。

随着时光的流逝，玛格丽特慢慢长大，她稚嫩的小脚开始在清凉的大理石地板上印脚印，开始在沙发上翻跟头，最后宽阔的客厅也不能满足她的探索欲了，她便开始趁母亲不在意的时候，悄悄爬下大理石台阶，到院子里大显身手。

当局对他们一家最大的照顾就是允许他们住在了湄公河畔这座旧帝王的豪华宫殿里。当刚学会独立走路的玛格丽特，贸然闯出屋子，来到外面这个世界时，一个宽阔而富丽堂皇的童话世界也随着打开。

她在宽敞的走廊里行走，在长满各色鲜花的花园里奔跑，这个世界里的一切都那么井井有条，复古的家具镶着珍珠，橱窗里的瓷器洁净而古朴。他们是这里的贵族，享受着在国内无法享受的礼遇。

童年的玛格丽特是幸福的，有父母的疼爱，哥哥们的照顾，虽然长在异国的殖民地，但她的穿着却是法国最时髦的款式。实际上，除了身边越来越糟糕的环境，她与国内的那些法国女孩并无二致。

当然，年幼的玛格丽特并没有未卜先知的能力，她并不知道她的幸福童年将在不远的日子里被画上休止符。

1918年，她的父亲——埃米尔·多纳迪厄患上严重的阿米巴痢疾,越南炎热的天气让他的病情飞快地恶化,他不能再在这里工作下去了,他决定回国,回自己的故乡多尔多涅疗养。

在多尔多涅,他还有两个儿子,是他与前妻阿丽斯·利维埃生的。他回国后,在附近的杜拉斯镇买了房子,一直希望玛丽·勒格朗能带着玛格丽特与另两个儿子回国团聚,显然,他不再打算回交趾支那。玛丽·勒格朗很清楚地意识到这一点,但她并没有回国的意思,她固执地带着三个孩子留在了交趾支那。

先前,政府因为多纳迪厄的原因,对他们一家非常照顾。现在多纳迪厄的离开,使得这个家失去了政府的庇护,特别是三年后,埃米尔·多纳迪厄的去世,更让这个家雪上加霜。对于父亲的去世,杜拉斯说:"父亲死的时候我还很小,我没有表现出一点难过的样子。没有悲伤,没有眼泪,没有问题……"

在小说《情人》中,杜拉斯详细地描述了这个场景:"就在这座住宅里,妈妈得知了父亲的噩耗。在电报到达的前夕,妈妈早有了预感。那天半夜,唯独她听见一只发疯的鸟在呼叫,并且落在北侧父亲的那间办公室里。同样也是在那间办公室里，在她的丈夫去世的前几天，也是半夜时分，妈妈突然看见自己父亲的身影。她把灯打开，外祖父果真站在那里。他站在那个八边形的大客厅里的一张桌子旁边，看着她。她把我们叫醒，向我们讲述刚才发生的事，讲他如何穿着那套星期天穿的灰色制服，是如何站在那里，两眼直直地看着她。她说自己像小时候那样叫他。她说自己没有害怕，朝着那消失的形象跑过去。从那以后，我们对妈妈多少有些崇拜，因为她无所不知，就连人的死亡也能先知先觉。"

埃米尔死后很久，玛丽·勒格朗都不愿意承认自己已经成为寡妇的事实，甚至觉得法国发来的电报是假的，即使殖民行政署的职员再三告诉她多纳迪厄先生已经去世的消息是千真万确的，她依旧拒绝前往法国。直到为了遗孀抚恤金和争夺继承权，她才带着孩子回到法国，办理相应手续。

依靠玛丽·勒格朗的工资与寡妇抚恤金，他们无法维持原先的生活水平。只是因为玛丽·勒格朗还是土著小学的任课教师，他们依旧还能享受一些权利，比如更加廉价的公共住房和低水准的公共服务。

这样一来，多纳迪厄一家在交趾支那就处于一个非常尴尬的阶层：虽然他们是白人，但是他们不属于这里的贵族阶层，那些富有的白人贵族们瞧不起他们，因为他们贫穷；当然，他们也不属于这里的土著阶层，因为他们有着白色人种的高贵血统。他们成了交趾支那的夹层人，被两个阶层所排斥。

玛丽·勒格朗并不甘心自己一家的沦落，这个在法国北部农场上长大的女人，有着一颗无比坚硬而强大的内心，至少在精神上，她始终坚信自己血统的高贵，她坚持以纯法国的教育模式来培养和塑造自己的孩子。

玛丽·勒格朗的坚强来源于她苦难的人生经历。她就以生活给予她的强大的耐心与严格的灌输，把法国的生活习惯与思想意识渗透到她孩子们的生活中，她强迫他们每天吃从法国进口的斑皮苹果，强迫他们每天吃肉，强迫他们接受一切法国的饮食习惯，哪怕他们吃后还要吐出来……

对于母亲的严格管教，孩子们表现出极大的抗拒。他们不喜欢法国的饮食，他们宁可挨饿也不吃，他们喜欢吃米饭，喝中式米粥，喜欢捉河滩上的河虾，喜欢架在木炭上烧烤的剥皮青蛙。他们喜欢光着脚在河岸上奔跑，在密林中捉迷藏……

无论母亲怎么努力，这些孩子还是无法保持纯正的法式风格，不可救药地沦陷为本地的"土著人"——母亲眼中的野蛮人。每次看到他们沾满一身黏糊糊的果酱从丛林中钻出来，玛丽·勒格朗就火冒三丈，她一边咒骂，一边抽打，却始终无法改变她的孩子们已经沦落为"肮脏的小越南人"的事实。

对于年幼的玛格丽特来说，那些难以让自己理解的社会团体属性，自己根本无须理解。她从来不会像母亲那样，狂热地爱着那个名义上的所谓的宗主国，其实对她而言，法国是一个特别陌生的国度——除了会说法语之外，没有人会认为她是法国人。

直到后来，她回法国读书，并在那里生活了很久之后，她依旧否认自己是法国人，说自己"不知生于何方"，又说，"只是出生于一个白人无赖的家庭"，再后来干脆连父亲的姓氏也不认了。她说："在我出生之前，虚无占据了我的位置。现在，我代替了虚无。这是一个艰难的代替。也许我就是因此有了本不该在这个世上存在的感觉。"

就是这种存在感的缺失，让她惶恐，她一生都在寻找这种存在感，然而直到她生命的最后一刻。生命即将终结的时候，她还一次次地大声问雅恩·安德烈亚："谁知道我的真相？如果你知道，那就告诉我。"

我们暂且不回答她最后的问题，但她爱着交趾支那，这却是她在文字里一再提及的一个事实。虽然这里有着恶魔般的蚊虫，令人恐惧的炎热，还有数不清的病症，相比陌生国度里的繁华，交趾支那的热带丛林更让她神往。

其实，当时的交趾支那，境况十分糟糕。只是作为孩子的玛格丽特并不能体会当时环境的恶劣，他们一家已经被排斥在各个社会阶层之外。他们看不到法国人在交趾支那是如何残暴地蹂躏土著居民，也看不到当地的居民是如何顽强地抵制法国人的殖民统治。他们乐于生存在民族隔离的真空地带，对于周边的变化，表现出一种钝感与麻木。

这种懵懂，结束于她十一岁那年的一个午后。那一天，一个磨烂了脚跟的女乞丐，拖着她患了重病的孩子来到了多纳迪厄家门前。

这个"女乞丐",后来被杜拉斯写进了作品里,她就像一个来自地狱的幽灵,打破了玛格丽特的童话世界,把她拖进了一个黑暗幽深的"洞"里。成为作家后的玛格丽特喜欢用"洞"这个词来描述自己写作的原因。她说,这个"洞"让她恐惧而沉迷,她一生都在控诉这个"洞"对她的禁锢与挟持,所以她的文字总充满暴力与野性,她总在想办法逃离,于是她不顾一切地写作。

现在这个"女乞丐"就站在玛丽·勒格朗面前,向她祈求,祈求她买下她的孩子,她说,她的孩子两周岁了,其实那孩子看上去好像只有六个月大,全身浮肿,一看就是深受虫害。玛丽犹豫着,她知道即便买下了这个孩子,也不能救活她。

经不住女乞丐的苦苦哀求,玛丽·勒格朗以一块钱的价格买下这个濒临死亡的女孩,并将她交给玛格丽特照顾。出于骨子里的善良,玛格丽特尽心尽力地照顾这个孩子,给她穿自己的衣服,给她吃自己最喜欢吃的米粥,她尽了自己全部的心力去照顾她,但她还是在一个午后痛苦地闭上了眼睛。

他们把她葬在了水田里,与很多不知姓名的亡灵埋在了一起。玛格丽特气哭了,为自己的劳而无功,也为女孩的不幸早夭。这一刻,玛格丽特的心里升起一股莫名的情绪,她忽然很恨这个世界。

恨是比爱更激烈的一种情绪体验,当玛格丽特意识到自己心田里长出这株毒草时,外部世界开始在她眼睛里清晰起来。

在每个人的成长过程中,总会有这么一个突发事件,像晴天霹雳,忽然在你头顶上砸出一个大窟窿,让你不得不把自己的视线从关注自身的欲望移向关注周边环境的变化,甚至开始思索其他事物与自身的关联。

这个事件,或许是亲人的去世,或许是其他意外的大变故。埃米尔·多纳迪厄去世的时候,玛格丽特并没有回法国,而且已经离开他三年,所以,他的去世,对她当时的情感世界而言,并没有太深刻的影响,她已经习惯了与寡居的母亲和两个哥哥相依为命的生活状态。

然而,这个女孩的死亡却是那么尖锐地刺伤了玛格丽特的神经。"她死了!"她是那么尽心尽力地照顾她，爱她，每次她给她喂米粥的时候，她还会冲着她甜甜地笑，但是这一刻，她却躺进了浑浊的水田里，与青蛙、河蟹为伴。她不能忍受这种失去。

死亡是什么？人为什么会死？自己也会死吗？如果自己此刻死了，是不是也会像这个女孩一样，被埋进泥水里，再也不能赤脚跑在丛林里嬉闹，再也不能与她的小哥哥一起捉绿蛇……

她忽然很害怕自己会随时死去。为了逃开这种恐惧，她甚至不敢再在夜里睡去，唯恐这一睡就再也醒不过来。她的话越来越少，眼睛却越来越明亮。于是，她看到了这个世界上，以前她从来没有看清过的东西。

她看到：在交趾支那生活着的人们其实是有很大的区别的。白人是这里的主宰者，享受各种各样的特权，他们住豪华的别墅，穿巴黎最时髦的时装，乘装饰着"羽毛与靴子"的四轮马车去参加各种各样的盛会，喝皮培明·吉特酒，听爵士音乐，谈论与法国命运休戚相关的"国家大事"。这些在本土不受待见的法国人在这里却无法无天，为所欲为。

与白人的生活情形完全相反，本地的越南人却天天生活在水深火热之中。贫困、饥荒、传染病，随时威胁着他们的生存。他们根本没有能力维护自己的尊严，只能任人欺压、蔑视、虐待。

在这里，上帝的天平是倾斜的。一个黄种人的性命根本不值钱，如果一个白人杀死了一个越南人，那只是一个意外的"小事件"，随便赔几个钱就行了，可是一个越南人如果偷了白人的一只鸡，那就是"罪无可恕"，白人可以以任何一个理由处置越南人，而不必担心被拘禁，而越南人稍有反抗，就只能下地狱。

这个严重失衡的世界，是玛格丽特不能理解的，但是却以一种直观的、深刻的方式刺穿了她幼小的心灵。尽管她是白人，却因为贫穷被白人排斥在他们的阶层之外，她身上的某些东西更贴近越南人。但是她却羞于承认自己属于那个阶层。

玛丽·勒格朗对自己一家的遭遇，并没有深刻地反思，这个头脑顽固得像石头一样的女人，并没有兴趣观察、思考这个外部世界，她只是本能地顺从着命运的安排，每天沉溺于繁忙的事务之中。

丈夫的去世，没有让她过度伤悲，每况愈下的经济窘迫,让她应付得很是吃力。但是她又是倔强的,她一直坚信,在自己的努力下,情况一定会好转的。皮埃尔——她的大儿子需要她这么做。

她近乎疯狂地溺爱着她的大儿子皮埃尔,完全不顾忌玛格丽特因为嫉妒而投来的仇视的目光。玛格丽特十分不理解自己的母亲,正如她不能完全理解这个荒诞的世界,然而这个世界却以一种"不可逆转"的力量冲垮了她的防线,让她沉沦其中,不能解脱。

第三章
西贡的少女

在一个严重失衡的世界中成长,玛格丽特已经偏离了一个正常女孩子的成长轨道。而"河内小男孩事件",使得她愈发恐惧于母亲的暴躁和阴晴不定。母亲的一个侧目,常常令她心惊胆战,甚至她会觉得自己是可有可无的。

"河内小男孩事件",对玛格丽特一生影响极大,这件事与李云泰事件一样,都是玛格丽特一直想回避,但最终无法回避的往事,都是在她暮年之后,才向世人说出的隐秘。

这件事，杜拉斯在1987年出版的《物质生活》里，做了比较详细的描述："我从来没有讲到过河内，我也不知道这是为什么。在永隆之前，先是在河内，时间要早六年，就住在我母亲买下的小湖边上那座房子里。在那个时候，我母亲还招收了几个寄宿生，几个年轻的男孩，十二三岁的越南人和老挝人。他们当中有一个孩子，有一天下午，叫我跟他一起到一个'小小躲藏地'去。我不怕，就跟他到那个躲藏地去了。那是在湖边，在两间小木屋之间，两间小木屋想必是附属于别墅的。我记得那是类似两侧木板隔墙中间一条狭窄的走廊。书中写的破坏童贞的地点大多是这一类地方。那种缱绻欢乐已经出现，孩子到了知道那种欢快的年龄并且已经接收到那种信号，受到触发，这在孩子身体内一经出现就永远也不会忘记。"

四岁的小女孩并没有意识到这个游戏有什么不妥的地方，她只是按着小男孩说的那样去抚摸它，记录着每一瞬间，但是那种奇妙的感觉，却一直在记忆里荡漾，从未忘却。"这场景自己在移动。事实上，它和我一道成长，它从未曾离开过我。"这个早熟的举动，打破了她纯粹的童年，她的青春被过早地干扰，她不好阐述自己身体上被带来的冲击，懵懂和恐惧穿梭心间，没有玩伴的她，身边就只有母亲这一个可以坦白的对象。于是，她小声地对母亲讲述经过，玛丽听后从呼吸急促到面色光火，她对着自己的女儿大声叱责说："不要再去想它，永远永远不要去想！"第二天，那个小越南人就被她的母亲赶走了。

这段往事，如一道烙印深深镌刻在玛格丽特的骨子里。此后数十年，她把这件事隐晦地埋葬在心底，包裹得严严实实，时刻警醒着自己，那上面书写着自己耻辱般的过去。这是不能说的秘密。直到七十年后，她才用文字讲述了这个事件，也坦然地承认当年的那个举动，改变了她的性观念，影响了她动荡的一生。

就是这次，母亲的大发雷霆，让玛格丽特心生恐惧。她甚至以为"母亲是不爱我的，她眼里只有大哥"，她像游荡在大洋中的纸船，即便下一秒就要沉没，她还是渴望着那份母爱，哪怕它终将开往绝境的彼岸。而母亲对她总是那么冷淡，只有对皮埃尔固执地好。母亲对皮埃尔的偏袒，引来玛格丽特激烈的仇视和对抗。

她时常幻想自己会杀死母亲或者是皮埃尔。她诅咒皮埃尔是"遮住太阳的黑布"（语出小说《情人》），她时常想有什么办法可以把他从母亲的眼里彻底消除，或者像那个病死的女孩一样，把他埋进污浊的水田里，让他的生活永远暗无天日。他凭什么能霸占母亲全部的爱，而让她对其他的两个孩子视而不见？

一天夜里，十一岁的玛格丽特做了一个梦，梦见自己杀死了自己的母亲。看着自己手上滴落的鲜血，她拼命地叫喊，用力地奔跑，然后觉得自己身下涌出一股热浪，她初潮了。

在这个黑暗而恐怖的夜里，玛格丽特的女性第二特征开始觉醒。她完全不了解发生在自己身上的这个现象，她拧开灯，看着自己身下那滩猩红的血，陷入莫大的恐惧里。

她不敢向母亲表述发生在自己身上的怪现象。事实上，四岁以后，她就不敢再向母亲说起任何关于自己的事。

现在自己身上又有了这种奇怪的现象，但玛格丽特却没有勇气再对自己的母亲坦白一次。不，不能说，她的一切只能放在自己心中，是不能对任何人讲的秘密。

天亮之后，她偷偷地把沾有经血的床单扔进了水田里，拼命地在水里奔跑、冲刷，希望洗净双腿之间的血污，这猩红的血，让她感到一种莫名的耻辱与羞愧。她想表达这种感觉，但是找不到一种恰当的方式，只能任这种痛苦在心底盘旋、纠缠，直到完全淹没她的意识。

玛格丽特一生都生活在这种恐惧之中，并力图把这种感觉表达出来，但年幼的她未能找到这种方式。在她二十九岁的时候，上帝却给了她一支笔，让她记录自己灵魂中的每一丝悸动与感觉，成就她的辉煌与经典。

玛格丽特在初潮的恐惧中，迎来了自己狂放不羁的青春。在从少女到女人的成长过程中，总有一个人会承担着启蒙老师的角色，玛格丽特的女性启蒙者不是她的母亲，而是一个叫作伊丽莎白·X的朱笃省省长夫人。

伊丽莎白·X是朱笃省的传奇，是当地白人贵族的代表。她住在一座金碧辉煌的豪华别墅中，穿着饰有珍珠长穗的超短裙，天天歌舞升平，与不同的男人调情，尽管她已经是三个孩子的母亲了，却让很多男人神魂颠倒，为她痴迷，甚至有个青年，因为她的离弃而自杀。

据说，她并不是法国人，是瑞士人，曾在瑞士一座非常有名的学校里读书，但她并不喜欢那个国度，她认为那里的阳光太明亮，会晒伤她的皮肤，特别是在她七岁的儿子被当地医生误诊而死以后，她对这个国家更是深恶痛绝，于是便跟随她的丈夫威廉姆斯·X来到交趾支那。

在这个法国人横行的殖民地，她以为她的丈夫会大展拳脚，晋升为这里的总督，除了这光鲜耀眼的荣誉和特权，没有任何兴趣能让她留在这种鬼地方。这里的天气是那么炎热，热得让人厌恶。

然而，她的丈夫在这里发展得并不顺利，只混到朱笃省省长这个职位，她对他早已厌倦失望。但是威廉姆斯·X却很在意这个职位。这种分歧，让他们貌合神离。威廉姆斯·X为他的工作倾尽全力，他的妻子却在不同男人的怀里沉沦。

她与玛格丽特是两个不同世界的人，然而命运就像是一只无形的大手，随便一挥便把两个完全不相关的人丢进了同一个场景里。

那是一个烈日炎炎的午后,是在永隆通向省里的小路上,还是城市间的一条街道上?玛格丽特记不清了。只是偶然之间,省长的黑色小汽车从玛格丽特身边驶过,伊丽莎白·X就坐在这辆车上。

那惊鸿一瞥,让玛格丽特眼前一亮:这个女人太漂亮了!苍白的脸色难以掩盖她的天生丽质,像波浪一样的金褐色长发,炯炯有神的灰蓝色眼睛,举止高雅,宛若天仙。

玛格丽特也见过其他的漂亮女人,但别人的漂亮只是漂亮罢了,这个女人的漂亮,独具神韵,她的等级,她的修养,她的魅力,略带英国式的穿着,都让玛格丽特自惭形秽。就是这个女人,曾经让一个年轻的男子为她殉情。

在玛格丽特的意识里,能掌管他人生死大权的只有上帝,而这个女人怎么可以轻易操纵别人的生死?世上真的有人会因为爱情而自杀?漂亮的女人真的可以是男人的地狱?这是一个她没有料想过的女性世界。

以后,无数个日子里,玛格丽特时时想起与伊丽莎白·X相遇的这一刻，也时常拿伊丽莎白·X与自己的母亲做比较：同是女人，她们的差距为什么如此之大？伊丽莎白·X过得富有闲适，身边情人缭绕，就像一只美丽的花蝴蝶流连花间，而她的母亲在父亲去世后一直过着修女式的生活，形容憔悴，举止粗俗。她为自己的母亲羞愧。

两个女人，两种不同的命途，玛格丽特的天平很快就倾向了伊丽莎白·X，她成为她心目中的女神——爱情与母性的完美化身。她时常发誓，终有一天，自己也要像她一样神秘而高贵，具备那种神秘的女性力量，像上帝一样操纵他人生死，这似乎成为她一生为之奋斗的目标。后来这个女人以安娜·玛丽·斯特莱特的名字被她写进了作品中。

事实上，后来的杜拉斯真正成为了那样的一个传奇女性，并且出于蓝而胜于蓝。

由于母亲对于大儿子的偏爱，引起玛格丽特的激烈对抗，家庭气氛变得难以忍受，母亲只得决定把大儿子皮埃尔送回法国，到维奥莱学校学习电工，留在交趾支那，他可能一事无成。

假期中，一家四口登上开往法国的轮渡，这是玛格丽特第三次回国，第一次回国时，她五岁。在返回途中，曾经绕道云南，对于旅途中的见闻，她曾在一些未公开发表的文章里有所提及，比如《中国的小脚》。

在这次旅行中，哥哥们对中国的印象仅限于美丽的景色，树林中总有大大的蟋蟀让他们取乐，而在玛格丽特的眼里，中国却是悲剧的代名词。她第一次了解到"死亡"的恐惧，她曾讲述过这样一个场景："一个身材高大的男人被一折两半，屁股折坐在垃圾箱中。因为身体庞大，整个折叠的身体就像夹子一般卡在其中。突兀的两只脚像花瓶中的枝干无力地插着，伸展成最为惊悚的姿态。垃圾箱外，斜歪装着颓丧没有生气的脑袋，毫无血色的脸上，唇与齿之间是开着的，像有无法诉说的遗言。虱子、灰尘、垃圾……一个鲜活的人，上一分钟他还可能走过你的身旁，下一分钟，他就像这毫无生气的垃圾一样，被丢弃了。我和哥哥目不转睛地看着他，围着他转。我们这一生还没看到过这样的事情——垃圾箱里装着一具死尸。"那时候，母亲立即捂住了小姑娘的眼睛，但却没有捂住小姑娘对死亡的恐惧与好奇。

还有中国人对孩子的态度，让她觉得人性的冷漠与残酷。"在中国，因孩子的死亡而引起的悲恸要比在别处小得多，他们已经习以为常。有那么多的孩子死掉，又有那么多的孩子出生，一切周而复始，有规律地发生、平复、堵塞、遗忘。"在杜拉斯笔下，中国人的形象多是饶舌的商贩、执着的乞丐、奸猾的挑夫和猥琐的鸦片烟鬼，每个人都匆匆忙忙。最让她震撼的是见到的一个美丽女孩，裹着小脚，穿着细小的绣花鞋。她难以理解，更难以忍受，能拥有一双正常的双脚是多么庆幸。

"我受不了世界上所有的小姑娘的脚无法享受同样的自由。我幻想这些受到了压迫的脚不顾一切地还是在长大，膨胀，撑破鞋子，自我解放，最终长大。宁可自娱而不取悦于人。但我想，为什么不跟她们解释呢？那得花上千年的时间，人们对我说。是的，中国人如此喜欢小脚的天性真是一种可怕的宿命。我五岁，在中国。"——《中国的小脚》

当然这些景象仅限于当时的中国。但是对于幼小的玛格丽特来讲，这次旅途的见闻，深深印在脑海里。直到多年后，她看着自己的中国情人迎娶那位富家千金的时候，心里泛起的，除了同情，还有心底难以消弭的怜悯与悲凉。

第二次是父亲去世后，随母亲回国料理父亲的葬礼。因为来去匆匆，玛格丽特并没有太多的感触，甚至没有来得及去父亲的墓前吊唁。她第一次去父亲墓前祭拜是她十八岁回法国攻读学业的时候。后面会有详细的讲述，这里只简单一说。

玛格丽特的每一次回国，似乎都是为了一种离别。

送走皮埃尔，玛丽·勒格朗如释重负。她开始为剩下的两个孩子谋划前途。小儿子保尔没有读书的天分，最多可以做一名会计，算术是他唯一说得过去的科目。玛格丽特天赋要好一些，她要继续学习高等数学，继承父业是没有问题的。

玛格丽特并不服从母亲的安排，她对母亲说："我要写作……总有一天，我要写作。"母亲问她："写什么？"她说："写所有那些东西。"也许，当时的她还不能确切地说出自己想表达的意思，但是没关系，她拥有开启一切传奇与神话的钥匙，当下的一切，都是为日后垒砌那座文字宫殿而积攒的基石。

第四章
玛格丽特的堤坝

夕阳下山了，病房内的光线骤然黯淡下来，雅恩·安德烈亚站起身来，他该吃晚饭了，但是他并没有胃口，此刻，他十分想念她做的韭葱汤。世人都知道杜拉斯的文采精彩绝伦，却不知道她也是一个出色的家庭主妇。写作之余，她很喜欢做家务，常把家里整理得一尘不染，井井有条。但是只要一投入写作，她就顾不得这些了。

写作会改变人的精神世界，也会让人异化，做出许多常人难以理解的事来。与杜拉斯一起生活，不是一件轻松的事，你必须完全放弃自己的一切自尊、个性、脾气、生活习惯，去适应她的方式、她的节奏、她的脾气。

她高兴的时候，你必须与她一起欢声笑语，她焦躁的时候，你要学会忍受她的坏脾气。而关键是她的好情绪与坏情绪之间往往没有清晰的界限，你也必须忍受。想来这世上除了雅恩·安德烈亚再没有第二个人能忍受这样的一个杜拉斯。欲戴皇冠，必承其重。雅恩·安德烈亚能让杜拉斯爱上他，也与他对爱的坚持与包容不无关系。

世人在提及雅恩·安德烈亚的时候，多少总有点轻蔑的意味，以为他之所以爱上又老又古怪的杜拉斯一定是有所求，就连杜拉斯自己也曾一再地追问他："你为什么爱上我？从我这里，你什么也不会得到。"

杜拉斯爱惜自己的钱财，在闭眼之前，肯定不会馈赠给任何人，即使是自己的儿子乌达，又何况雅恩·安德烈亚？但是雅恩·安德烈亚以自己的实际行动证明了自己这份爱的真实性，他是真的爱杜拉斯，哪怕他不能从身体上爱上她，但从精神深处，他是爱她的。如果不是真爱，他不可能放弃所有的一切，守了她十六年。如果不是真爱，一个男人不会这么无原则地去迁就一个女人。唯有爱，是最好的解释。

因为爱，他忍受着她的喜怒无常，忍受着她的无端刁难。记得有一次，雅恩·安德烈亚买了埃尔韦·维拉尔的唱片《卡布里，完了》。杜拉斯很喜欢，她说："这是世界上最好听的歌。"然后就轻轻哼唱起来，雅恩·安德烈亚也情不自禁地随着她哼唱，他们一唱就是好几个小时。

多么美好而静谧的时光。然后，杜拉斯忽然停止哼唱，对雅恩·安德烈亚说："雅恩，我们去勒阿弗尔逛逛，看看勒阿弗尔港的灯光。"她总是这么出人意料。还没等他反应过来，她却又咆哮着赶他走了。

现在，街上又华灯初上了，而她却再也没有力气爬起来赶他走了。她依旧深度昏迷。雅恩·安德烈亚看了看她，又重新坐了下来，拿起床头上的书，轻声读给她听。他想，也许，这能唤醒她沉睡的灵魂，她说过喜欢他的声音。他打算试试，今天，他开始为她读

《抵御太平洋的堤坝》，那是玛格丽特童年记忆中最深刻的一部分。

那是1927年7月，玛丽·勒格朗准备在贡布买一块政府租借耕地。尽管那时，家里已经缺吃少穿，但是玛丽还是有些积蓄，她一直想买一块地，那样就可以让他们自给自足。

贡布海滨平原，位于柬埔寨象山山脉的南部，是一个沼泽地带，可用的土地很奇缺，但是那里风景秀丽，在那里拥有一座房产是一种特权，更是一种荣光，所以那里的地价一再上涨，似乎很有投资价值。

玛丽迫不及待地向政府提出购地申请，能拥有自己的地产，那是一件多么幸福的事啊。所以当接到政府肯定的回复后，玛丽像一个中了头彩的乞丐一样，惊喜万分，感激涕零。

于是，她打点行囊，带着两个孩子急切地搬到了贡布，当玛丽站在自家地边展望那200多公顷租借地时，她是那么兴奋。他们要发财了，只要他们在这片土地上种上水稻，他们的好日子便指日可待。

为了更好地守护这片土地,玛丽准备在这里定居,与当地很多居民搭建的茅草屋不同,他们在租借地不远的地方开始修建平房,这样的房子是庄园主的标志。

当房子接近完工的时候,玛丽开始耕种租借地。因为人力有限,她只能先耕种一半。当一片绿色的秧苗在微风中尽情舒展的时候,玛丽的脸上露出幸福的微笑,预期中的好日子即将来到。

然而,天有不测风云。7月的太平洋注定是不平静的。沿岸的潮水总是借着沉沉夜幕突袭这片土地,把一株株秧苗打得东倒西歪,把它们吞噬殆尽。一夜骤雨之后,玛丽看着眼前的这片泥泞与狼藉,欲哭无泪。然而这个坚强的女人,骨子里有着顽强的生命力,每次遭遇到打击时,这种生命力就表现出更大的能量,有着遇强则强的彪悍。

她安慰自己说,这只是偶然,只要再耕种一次就好了。于是,她再次雇佣当地的贫民把剩下的秧苗插入这片泥土之中。

这次耕种的水稻,长势很好。玛丽暗自祈祷上天,让这茬庄稼顺利收割吧,她几乎已经耗尽了自己的全部积蓄。又是魔鬼般的7月，潮水再次光顾这里，把庄稼冲刷得一干二净……玛丽几乎要疯狂了。很显然，政府利用这个寡妇的软弱欺骗了她，让她以昂贵的价格租借了一块根本无法耕种的土地。

每年的7月，太平洋的水都会光顾这里，而且有大半年的时间，这里总是一片沼泽，除了养虾，种庄稼几乎颗粒无收。

再后来，玛丽从许多当地人的口中得知，在她之前，已经有几十家上当受骗了，可是她知道得太晚了。根据最初的协议，她只有在这片土地上种出庄稼来，才能拥有它的产权，否则期限一到，政府便以他们不会耕种为借口，收回她的租借地，那意味着她二十年的积蓄都打了水漂。

玛丽不能接受这样的欺诈，她怒气冲冲地冲进政府官员的办公室，又哭又闹。最开始，官员们忍气吞声，互相推诿，最后他们开始对玛丽也张牙舞爪起来，训斥她，推搡她，警告她，如果她再纠缠不休，他们立马就要收回这片地。

玛丽以这种不够光彩的方式暂时保住了对这片地的

租借权,除去寡妇抚恤金,这已经是唯一的财产,她决心要赢得它。她要把海水拦截在她的土地之外,她要不计代价地让这片地长出庄稼。她决定修建堤坝。

她把这里的农民们召集起来,把自己想要修建堤坝的想法告诉他们。听着她慷慨激昂地讲述修建堤坝的必要性,农民们都点头称是。很快,人们接受了她的意见,在这片沼泽里劳作起来,他们用红松和泥土混在一起,垒砌成斜坡与土墙,像农家的篱笆墙一样,把海水拦截在他们的土地之外。可是官员们对他们的壮举却嗤之以鼻。

堤坝修建好了,秧苗也再次耕种上了,玛丽想,这次有了堤坝,海水应该毁不了庄稼了吧。但是她太藐视大自然的力量了。当7月来临,当海水以无法抵挡的力量冲垮堤坝,把庄稼践踏得一塌糊涂的时候,玛丽·勒格朗终于承认了自己的无能。她彻底垮了。

人在遭遇重大挫折之后,精神上多少都会留下创伤,经过这次折腾以后,玛丽·勒格朗大受刺激,后来,玛格丽特在《情人》中描述母亲时,就提到母亲的精神有时候会不正常,"几乎天天犯着对生活完全丧失信心的毛病，这毛病有时持续很久，有时到了夜里就消失了。"

年幼的玛格丽特并不理解母亲的精神世界，只是偶尔抱怨母亲的状态会影响到全家的情绪，她说："算我走运，碰上这么一位绝望的妈妈，而她的绝望是如此彻底，就连生活中高兴的事，不管如何强烈，也往往难于令她完全驱散脸上的愁云，让她消遣散心。"

玛格丽特对母亲的很多事都难以理解，或许就是因为她的母亲从来不像别人的母亲那样"正常"过。而这次打击，对玛丽来说，更为残酷。她病了，病得很严重。清醒的时候，她大喊大叫，喊叫累了便陷入昏迷。医生一再嘱咐玛格丽特，一定要好好看护她，不要喊叫太久，否则会有生命危险。

有好几次，玛格丽特都以为母亲就要死了。她曾一度这样诅咒过自己的母亲，因为母亲固执地偏爱着大儿子，而对她和小哥哥保尔视而不见。在法国与皮埃尔分别的时候，她的母亲与大哥哥奋力拥抱在一起，号啕大哭，生离死别般悲伤，而她却是被排斥在这份亲情之外的。一想到这一幕，她就恨得抓狂。这份隐晦的恨意，玛格丽特在小说《抵御太平洋的堤坝》的行文中若隐若现，并在接近尾声时，痛快发泄，让母亲死在了她的作品中。

虽然，她嫉妒母亲对皮埃尔的宠爱，并由此仇视母亲的偏心。然而当看到母亲在病中饱受折磨的样子，她还是会伤心，她完全弄不懂自己的感觉了。而现实中的玛丽·勒格朗并没有那么容易被击垮，很快，她便从病榻上爬了起来，开始为孩子们的前途殚精竭虑。

她在当地办了一个法语小学，自己任校长，并把玛格丽特送到永隆的一个寄宿制学校读中学。玛丽希望她上完中学，就能取得数学老师的头衔，这就是她对女儿的最大期望。

玛丽并不十分担心玛格丽特，而是非常担心保尔，因为这个孩子似乎很有问题，有时候，他连最简单的事情都记不住。那时，他们总在搬家，致使保尔的学业时断时续，他就是那么一个软弱无能的孩子。然而玛格丽特却十分爱她的小哥哥。

这份爱，从什么时候开始的呢？是从意识到母亲对皮埃尔的偏爱时开始的吗？因为在这个家庭里，他们具有同样"不被重视"的地位；还是当皮埃尔对他不时地发起挑衅，而他又无法抵抗的时候？每当这时，她便从内心深处爆发出一种保护欲，她要保护她的小哥哥，就像一只母鸡拼命护住自己的雏鸡。

只有与自己的小哥哥在一起的时候，玛格丽特的心才是安定的，他们相处得是那么融洽、和睦。玛格丽特总能感觉到保尔身上那种"与众不同"的气质。尽管在皮埃尔的欺凌下，他总是表现得那么弱势，但是与玛格丽特在一起时，他却是勇敢的，他甚至不知道危险是什么。

他会强迫妹妹去湍急的河流中游泳，会带她去茂密的丛林中捉绿蛇。夜晚，他会点起火把，拉着她一起去旷野看星星，他会说任何人都没有说过的话："月亮，唤醒了鸟儿。""你不能到寺院去。""为什么？""因为他们拥有超凡的魔力。"……

保尔的语言是很具有诗意的，他以最自然的方式向玛格丽特传递着诗化的意境，并让她沉湎其中，接受熏陶。后来，玛格丽特的文字就在不知不觉中接受了这种影响，呈现出浪漫的诗意情怀。

童年时，保尔总是把玛格丽特带入一种沉静的夜色中，让玛格丽特感受到神的不可侵犯与死亡的恐惧。因为他们有着同样的经历，有着同样的感受，所以小哥哥保尔是玛格丽特世界里的支柱，与小哥哥在一起的时光，都让她刻骨铭心，终生难忘。

对于玛格丽特与保尔之间这种难以理解的关系，玛丽·勒格朗有感觉，但无能为力。直到后来兄妹之间发生关系，母亲也只能以一句"孩子们之间的丑事"而不再多加指责。

家里有一架钢琴，保尔会经常为玛格丽特演奏。他们也经常相拥起舞，以相同的节奏旋转，以相同的步伐踏响地板，此时，他们的母亲会为此惊叹不已："我还是有两个好孩子。"跳舞与音乐是他们共同的兴趣，是最令他们神往的活动。在那片神秘的音乐境界里，他们形影不离，合二为一。

玛格丽特之所以喜欢音乐也许就是受了保尔的影响吧。她让自己唯一的儿子乌达学钢琴，在电影《印度之歌》中，以音乐旋律推动情节推进，甚至在她后期的大量作品中，都始终保持着一种诗意的节奏，这些都与她对音乐的爱好密不可分。

保尔没有教给玛格丽特任何知识，但是他那种任凭自己的天性自然发挥的态度，却给了玛格丽特深远的影响，那就是独立、自我，永远只关注自己感兴趣的事物，像河流一样肆意奔腾，而不必在意河道的走向。

玛格丽特一生不信仰任何事物，只有她对保尔的爱，成为她精神世界中永恒的图腾，直到晚年，她写作《情人》时，提到保尔以及保尔的死都悲痛欲绝，尽管她始终不能以一个真正情人的身份去拥有这份爱，而她终生却执着地守候着这份初恋，正如玛格丽特自己所说的那样，"保尔就是一切，保尔胜过一切。对我来说，他就是最大的财富……"

她称呼保尔为"我亲爱的小哥哥"，在越南只有在称呼年轻的情人时才会这么叫。玛格丽特就是这样爱着她的小哥哥，以一种不可思议的方式爱着他，至死不渝。

那么她与中国情人李云泰之间的爱呢？那又是另外一个故事了。

第五章
来自中国北方的情人

1928年10月,多纳迪厄一家迁居乌瓦洲平原湄公河畔的沙沥,因为玛丽·勒格朗被任命到那里教书。是年秋,玛丽决定让玛格丽特注册就读西贡的夏斯卢-洛巴公立中学。

学校管理比较严格,内部并没有专门为学生设置住所,玛格丽特只能在学校外一个修女家借住。她只有周末和放假的时候,才会回家。

每次回家,玛格丽特总要乘坐一艘渡轮横渡湄公河。就在这条渡轮上,她邂逅了一个中国男人,此人后来成了她写作中国情人的原型。

那时候,家里已经缺衣少穿。他们的衣服总是补了又补。因为玛格丽特在外住宿,为了维护女儿的颜面,母亲便把家里那些能穿出去的衣服都改制成适合她身材的衣服,而自己每天只能穿着一件已经褪色的石榴红袍子。

因为没有别的衣服可以替换,所以每天睡觉前,她总是先把袍子洗好,让夜风吹干,然后在第二天早上接着穿上它。玛格丽特还能穿用废丝做鞋跟的过时鞋子,而她的小哥哥保尔几乎不穿鞋,她的母亲,要强的玛丽·勒格朗也不得不穿着露出脚趾的旧鞋子……

家里的仓库里还有一些稻谷、罐头、炼乳、酒之类,而肉食,就只能吃涉禽,这种鹤类在沼泽地里随处可见。就是这样,家里还雇佣了两个佣人,不付工资,只管吃喝。表面上,他们依旧维持着白人的颜面,而内里已一贫如洗。

贫穷,让十五岁的玛格丽特备受屈辱。青春期的女孩子,心理极其敏感,特别是对于家里的窘迫,时常想让她逃离。

每天,她都会去湄公河上的一座小桥边,坐在桥头,等待一个能"结束过去,开拓未来"的相遇:她希望能有什么人来领走她,无论什么人。沙沥之外的世界,对她而言是一个极大的诱惑。

每天都有许多人从这座桥上经过,有挑着担子的脚夫,有驱赶牲畜的农民,有吵吵闹闹的小孩,也有大大小小的车辆。但玛格丽特对车子里的人更感兴趣。

无论车里坐的是什么人,能坐车的人,自然是有钱人,只要有人愿意带她走,她随时都愿拔腿离开。也许,这只是借口。她又想起了那个神秘的女人——伊丽莎白·X。她能让那么多的男人为她倾倒,她能做到的,自己也一定能做到。

她的自信来自于她的美貌。十五岁的玛格丽特对女性魅力有着自己独到的见解与主张。她知道自己青春的脸庞、光洁的肌肤、性感的长腿对男人而言,意味着什么。她生性野性、急躁,也懂得如何利用有限的资源来装扮、修饰自己,使自己的外表不那么寒酸。

天生丽质的女孩,不需要任何修饰,只要她嫣然一笑就能激发一个男人的欲望。对于玛格丽特来说，每天只要她站在那里，就会有形形色色的男人与她搭讪。那是她最兴奋的时刻。印象最深的是一个海军军官，受到玛格丽特的诱惑，他邀请她去参观军舰，在军舰的甲板上和她跳舞，那个军官还不断地恭维她，还趁机吻了她。这让玛格丽特非常高兴。

她自信自己拥有与伊丽莎白·X一样的魅力，想得到谁都不是问题。当然，这与爱情无关。她只是珍惜这种不带任何感情色彩的相遇，至于陷入那种"可怕而粗俗的爱情"，那可是让她避之不及的。她真正需要的是金钱。

玛丽并不介意这个小女儿的所作所为。在与那两百多公顷沼泽地的斗争中，她已经耗尽了全部的财富与精力。现在能拯救这个家庭的，或者说，这个家庭里最有潜力价值的，只有这个小女儿了。

当她一次次审视自己的女儿时，她惊喜地发现了她与众不同的气质与魅力。她发现她的穿衣风格是那么独特，看似随心所欲，其实让人无法效仿。她戴着一顶男式香木帽子，上面围着一条很宽的黑色饰带。她不记得什么时候给她买的了,只是隐约记得是便宜得不能再便宜的处理品。那条无袖的真丝连衣裙已经破旧不堪,但是颜色却是当时很流行的茶色。那是玛格丽特唯一的一条连衣裙。她喜欢在腰间系一条腰带。穿着这条裙子的时候,她喜欢搭配那双用废金丝编出图案的高跟鞋。她另类的打扮,很容易引起别人的兴趣,特别是男人们的。

在轮渡上,她就是以这样的装扮引起了中国男子李云泰的注意。李云泰是沙沥一位达官贵人的公子。在这里,他的家族拥有整个交趾支那最漂亮的宝塔。那座塔是由他的父亲建设起来的,用巨型白色大理石和象牙雕绘着多吉皇后统治时代的景象,是一件很完美的艺术品。

作为李家财产继承人的李云泰,当时刚从法国留学回来,在回乡的渡轮上看见了这个打扮别致的白人少女。似乎是命中注定,他对她一见钟情。如果不是一见钟情,你很难理解他主动与她搭讪时的紧张与拘谨。

他小心翼翼地问她:"吸烟吗?"打开烟盒时,他的手颤动得那么厉害,就像秋风中的落叶一般凄惶无助。对于一个流连花丛的富家公子而言，与女人搭讪本不该如此不自信。白人女孩看出他的窘迫，轻蔑地瞟了他一眼，笑了笑。

他努力保持他的绅士风度，她对他的搭讪不屑一顾。尽管自己处境寒酸，作为尊贵的白种人，她对黄皮肤的男人还是具有一种居高临下的自信与傲慢，特别是当她察觉到他对她有兴趣的时候。

浑浊湍急的湄公河，向着远方咆哮而去。嘈杂的渡轮上，李云泰与玛格丽特谈笑风生。从侧面望去，他还是一个很不错的男人，面庞清秀，举止文雅，尽管脸色有些苍白，还不至于弱不禁风。从心理上来讲，玛格丽特并不讨厌他。确切地来讲，他是一个不可多得的猎物，有钱而不粗俗。

想到这里，玛格丽特脸上露出得意的微笑，她相信自己能收服他。船到河岸，他邀请她一起坐到车上来。在车上他向她说起他在巴黎的留学生涯。玛格丽特只笑不语，对于巴黎，她并不是那么熟悉，尽管那里该是她向往的地方。

借着汽车的颠簸，他将身子转向她，并悄悄握住了她的手。十五岁的少女立即羞得满脸通红。她说不清自己为什么那么羞涩，是因为这个中国男人的郑重其事吗？他的态度、他的神态都明确地告诉她：他喜欢她，不是戏弄，不是伪装，是发自肺腑的喜欢。这让玛格丽特飘飘然。

此时，她又想起了伊丽莎白·X，并在心里对她说："瞧，你能做到的，我也能做到，我征服了这个男人，以我的魅力。"

也许，当时的玛格丽特并不能解释自己的这种行为，而她心底的欲望已经燃起熊熊大火。"如果我不做作家，我就会是一个妓女。"在她还不能了解欲望的时候，欲望已经开始支配她的行为。

她并不因为这些欲望而羞耻，恰恰是这欲望让她痴狂。当他领着她走进中国城的那个屋子，她的欲望达到巅峰。

"你有许多情人吗？"她扬着下巴问他，一脸的不在乎。他承认他没有那么洁身自好，他曾经有过许多情人。她再次不屑一顾。

"就像对她们那样对我吧！"白人女孩主动向他挑

衅。李云泰此刻心里必然是十分矛盾的。喜欢吗？答案是肯定的。喜欢就一定要得到吗？她是那么纯洁，一朵未经风雨的蓓蕾。

作为中国传统男人的李云泰对女人的贞洁还是很重视的。这是一个白人女孩，他不能确定最后的结局，就这样占有她，毁了她吗？于此，他很踟蹰。然而面对这个女孩的挑衅与骄傲，他又那么不服气。他不能容忍她的轻视。

他轻轻褪下她的衣裙，把她抱到床上……相对于虚幻的爱情，真实的欲望更加容易实现。在他们认识半年之后，十五岁半的白人女孩失去了她的童贞。

他没有亏待她。他领着她去高档的餐厅就餐，买豪华的饰品给她，带她去高消费的场所风花雪月。她享受着他的呵护与金钱，如果不提到爱情，这应该是一场美丽的艳遇。

"我妈妈如果知道我与一个中国男人在一起，一定会杀了我。"她笑着对他说。对玛丽·勒格朗而言，黄皮肤的人种都是下等人，不管有钱没钱。此刻的他，有点小骄傲，骄傲自己征服了这个白人女孩，心里有种以下犯上的自豪感。

"我妈妈说,在这个地方,女孩一旦失去贞操就没有一个男人再会娶她。是吗?"她继续问他。"是的。"这更满足了他男人的自豪感,他骄傲地看着她,就像她的主人。"如果有人知道了我们的事,就再没有人愿意娶你,除非是我。"他开始得意扬扬。

"我不喜欢中国人。"她温柔地还击。他好像有点小失望,但是他不想在她面前败下阵来,他哂笑着说:"对,我们不会有结果,我父亲已经给我订了婚约。"

他把对她的感情埋在心底,不敢表露,只怕让她看出他的怯懦,看他的笑话。在爱情里,最先动情的那个人注定要受更多的痛苦。

这个场景,很庆幸,是在杜拉斯垂暮之年以后才以沧桑的笔调写了出来,如若不然,这个场景可能是以另一种形式开场,那么我们就不能透过这个场景的表象看出这段感情的纠结与凄怆。我们所能看到的只怕是世间一个最庸俗的爱情段子:一个女孩为了金钱出卖身体,出卖灵魂,一个软弱无能的男人深爱这个女孩却无法拯救她,甚至不能自救。然而,当这段往事在杜拉斯心底沉淀七十多年光阴以后，已经孕育成了一颗珍珠，我们不仅能看到它的光泽，更能体会到孕育珍珠的艰难与血泪。

对于自己与李云泰的交往，玛格丽特一开始是隐瞒了自己的母亲玛丽·勒格朗的，在玛丽的意识里，女儿绝对不能被黄种人染指，她是这个家里唯一的救星了。还好，这个女儿也不负众望，开始为家里赚钱了。

玛格丽特不断地向李云泰要钱，然后转手交给母亲，补贴家用。她编织了很多完美的谎言，向母亲解释钱的来源，实际上，玛丽并不需要她的谎言，有钱，有钱就行了。她默许了女儿的"胡作非为"。

她的两个儿子真是太让人失望了。尽管此时皮埃尔在法国学手艺，其实他什么也不学，只学会了赌博。每次欠了赌债就以看望母亲为名跑回来与他们团聚。保尔整日也无所事事，因为他英俊的相貌，倒吸引了很多女人愿意做他的情人，所以他时时在外面过夜。这是一个非常变态的家庭。

对于玛格丽特的索求，李云泰从不拒绝，甚至会主动给她金钱，让她大肆挥霍。在他的意识里，这个女孩的童贞是他今生获得的最珍贵的礼物,无论他付出什么代价都是值得的。

与大多数情人一样,他们在中国城的包房里寻欢作乐,在来回渡轮上幽会,没有誓言,没有承诺,这是一段一开始就知道没有未来的情感关系,他们只是沉浸在肉体的欢乐中,只保持着"最原始的朦胧"与"最真实的情欲"。

时光飞逝,他们保持着这种关系大约一年半的时间,没有节外生枝。玛格丽特对于李云泰的态度并没有太大的改变,依旧不冷不热地对他,不断地与他要钱,不讨厌他,也不喜欢他,甚至有那么一点点蔑视他。在她的意识里,情人就是肆意挥霍金钱与尽情享受鱼水之欢的代名词。

显然,李云泰是动了真情的,他甚至想过要娶她为妻。这段感情很像美国小说《飘》里的斯嘉丽与白瑞德。男人苦苦地爱着自己的情人,但是女人却一无所知,她们顽固地爱着另外的人或者金钱,唯独不要这个男人的爱情。这对一个深情的男人而言,是一件很残酷的事情。

如果这段故事是由年轻的杜拉斯写来,她未必能体会到当时李云泰的悲哀,而当她日后经历过人世沉浮,洗尽铅华的时候,回头再审视这段感情,再重新认识自己的情人,也终于体会到他的痛苦与无奈。也便有了"此情可待成追忆,只是当时已惘然"的凄怆况味了。

尽管在描述这个故事的时候,她的语气中还是带着那么一点轻蔑,但是在近乎冗长的自白中,我们依旧能看出她对这段感情的怀念,以及一种彻悟后的虔诚,表现出对自己的重新解读和对这份感情的应有的尊重。

而此刻只有十五岁半的玛格丽特并不晓得日后自己会如何表述这段感情,这时候的她,只是把他当作平生猎获的第一个猎物。她丝毫不掩饰自己对这个中国情人的轻视。

在电影《情人》中,有一个桥段的处理是不符合当时的实际情景的,就是李云泰为这段爱情所做的努力。

在影片中,李云泰带着玛格丽特的全家去高档餐厅就餐,他本意是想试着让她的母亲接纳他的存在。作为一个中国男人,他想以中国式的交往方式,企图建立他与玛格丽特家庭的关系,以便能把她永远留在自己身边。

而在这个接触中,他却遭受到了这个白人家庭的拒绝,玛格丽特的母亲对他的存在不屑一顾,她的两个哥哥也对他极尽羞辱之能事,就连玛格丽特也不能理解他的苦心,不但容忍两个哥哥对他的羞辱,她还与她的小哥哥亲昵地拥在一起载歌载舞,丝毫不顾及李云泰的感受。

在这个场景之后,李云泰终于意识到这个家庭的变态,以及与他们之间结合的不现实性。没等到宴会结束,他就拉她去他们平日欢爱的地方,疯狂地占有她,此刻的疯狂,只能证明他对这份感情的绝望与无能为力。

他因为嫉妒她的小哥哥而发狂,因为她的不爱而懊恼,特别是当她妓女般地向他要钱的时候,他的绝望一览无余。他是多么希望,她能庄重起来,哪怕只有片刻的难为情,那也证明她心里有那么一点在乎他。

然而,她就这么冷酷,她接过他的钱,没有丝毫的羞耻。这份羞耻,在她看清自己的感情时,终究会扑面而来,而那时李云泰却永远不知。

尽管玛丽·勒格朗并不接受他，他还是与父亲提起与她的婚事，如果他父亲同意这门亲事，他想他还是会有办法娶到她，他也看清了，只要有钱就能留住她。然而他的父亲冷冷地拒绝了他，甚至威胁他要尽快完婚。

在爱情与金钱之间，他也是选择了金钱，前面的阻力太大了，那是他怎么也不能逾越的高山。还是金钱吧，这是比爱情更容易把握的欲望。

当他确定这段感情的绝望，他终于向命运低头。在给了她最后一笔馈赠后，他与那个中国女人结婚。

影片中，李云泰是为他们的爱情努力过的，但是事实上，直到玛丽·勒格朗去世，玛格丽特都没有向任何人提起过李云泰，直到写作《情人》之前，没有任何一个人知道玛格丽特曾经有过李云泰这个情人。

在前半生的回忆中，玛格丽特有意识地抹去了李云泰这个人在她人生经历中的影响与位置，也许是出于对母亲的保护，她不想这段已经过去的风流史伤害到母亲，也不想让这件事毁了自己以前的形象与威望。

不知出于怎样的原因，杜拉斯都把这个人、这件事隐藏了大半生，直到她暮年再也不能从过往其他的什么事中汲取到写作素材时，才把李云泰拉上了自己人生的舞台，让这段沉寂已久的爱情，重见天日。

至于当时，李云泰是如何处理这段爱情的，我们已不得而知。我们所能看见的，只是杜拉斯一个人的讲述与剖白。那么杜拉斯自己所说的话到底是真是假，估计除了她自己，只有天晓得了。

无论事实怎样，这段感情画上句号之后，玛格丽特·杜拉斯便远渡重洋，回到法国继续学业，从此再也没有回交趾支那。而李云泰这个名字，也像湄公河上的那条渡轮，虽然还在玛格丽特的记忆中穿梭，却再也不能在她人生的河道里荡漾。

然而，"色易戒，情难防"，当那个白人女孩在即将离开交趾支那的时候，当她在即将离开的轮渡上看到他的汽车时，她的心终于痛了。

爱情在失去的时候，终于唤醒了姑娘的灵魂。没关系，这份清醒的疼痛，会把这个男人，这段往事，层层包裹，磨砺成珍珠，有待日后世人的感怀与瞻仰。

当年的白人女孩在成年以后，终究会认识到这段感情在自己生命里的分量与价值。这只是时间的问题。

第六章
重返杜拉斯

为了女儿继续学业,以取得数学教师的资格,玛丽·勒格朗决定送玛格丽特回法国。当一家人坐上离开交趾支那的渡轮,玛格丽特站在甲板上,向堤岸投去深情的一瞥,这个地方,不是她的国家,但她生于斯,长于斯,不是故乡,亲似故乡,而那个遥远的祖国,对她而言却是那么陌生。

那里不会有热得发狂的天气,不会有腥臭的河水,不会有零落在河滩的河蟹,也不会有密不透风的丛林与灌木……那里到底是怎样的景象，她想象不出更多细节的内容。在她模糊的记忆中，那个称作杜拉斯的小镇，像一块尘封已久的琥珀，古老而质朴。

父亲曾是那里的贵族，教堂里有他们家族专用的坐席，有一片差不多11公顷的土地，有一座古老的房舍，两边有马厩还有长长的石阶。上次度假时，她还认识了当地的一个女孩子，她们很合得来，经常一起玩耍。玛格丽特想不起那个女孩的名字，只记得她不像其他人那样，称呼自己为玛格丽特，而是叫她"内内"，这是玛格丽特很喜欢的一个称呼。

那时的玛格丽特，喜欢穿木屐，经常拉着那个女孩子去迪福克斯神甫家里吃点心。与母亲吵架的时候，到那个女孩子家里睡觉。故乡于她，只是凌乱的碎片。

现在，她要告别这片已经熟稔的土地，回到自己的宗主国，她不能预知未来，也不想带走回忆；她站在人生的十字路口，孤单而迷茫。

在她即将收回自己的目光时，她看到了那辆黑色的汽车——李云泰的汽车，他来为她送行了。她不能描述自己心里那种复杂的感觉：是欣喜还是自豪？自豪的成分更多一点，她猜想，他在因为她的离去而悲伤，这实在是一件很有意义的事，那意味着她已经完全掌控了这个猎物，即便她即将离去，而与她有关的一切都会深深地刻进这个男人的记忆里，主宰着他人生的喜怒哀乐，霸占着他所有的情感领地。

即使是她舍弃的东西，她也不允许别的女人去涉足。那个可怜的中国女人，即使嫁给了李云泰，也不过是她玛格丽特的替代品。这是件很光荣的事，玛格丽特喜欢这种自豪感。同时，也为自己的中国情人悲哀，自己走了，将带走他所有的快乐与幸福，他会如何与那个女人相处，如何与她纵情欢爱，生儿育女？然而，对于他的悲伤，她没有任何同情，反而有一种胜利者的骄傲和自鸣得意。已经驯服的猎物，是得不到猎手的珍惜的。

十七岁的姑娘，心肠似铁，讨厌多愁善感，讨厌拖泥带水。她早已懂得这些东西都会随时光的流失而遁隐，在她漫长而瑰丽的人生画卷中，李云泰以及他的爱情，都只不过恒河沙数，一粒微光。是的，这只是她人生旅途中一个小小的插曲而已。她的一生都在流浪与放逐之中，欢爱与别离都是家常便饭。

轮渡离开堤岸，向着一望无垠的大海驶去，那辆汽车在视野中越来越渺小，她垂下酸涩的眼睛，十七岁的女孩子，抚摸着自己裸露的手臂，嘴角挂着神秘的微笑。

由于当局的特赦，玛丽·勒格朗有了一年的无薪假期，所以，这次，她有足够的时间陪女儿一起回国，并安排好女儿在国内的一切。

晚上，看着母亲与小哥哥休息了，所有的旅客也都在各自的角落里沉睡，玛格丽特却偷偷溜进头等舱的客厅里。

头等舱的客厅，很是富丽堂皇，金钱的魅力处处得以彰显，还很是嚣张。她低头看到自己身上廉价的衣裙，感到一份难以描述的羞辱与自卑，没关系，只要离开了交趾支那，一切都会好起来。她在心里这样安慰自己。在宗主国，她会获得一切自己想要的东西：比如尊贵的身份，富裕的生活……

她这样想着，让情绪尽量轻松一些。偌大的客厅里，灯火辉煌，却没有一个人，音乐依旧在回响，是肖邦的华尔兹。然而在跳跃的音符中，她却感到一种从未有过的孤独。"一本打开的书,也就是夜晚。"很多年后,成为作家的杜拉斯,每次想起这个夜晚,都会泪流满面,这份最初的孤独,将成为她写作的起点。

不只是孤独,还有死亡。就在玛格丽特在客厅里听音乐的时候,外面的甲板上,有一个少年纵身一跃,把自己的人生终止在了浩荡的海水中。于是外面一阵骚乱,有人在叫喊,有人在施救,很快,又恢复了平静,人们终于意识到各种施救的无济于事。既然决定要离开,他就没有给上帝挽留自己的理由。

这样的旅行分明就是一场灾难。为什么要离开?为什么一定要横渡海洋?玛格丽特面对着空旷的客厅,一遍遍问自己,继而号啕大哭。哭声中,她发泄了什么,想到了什么,我们不得而知。只是今夜之后,她感到手里多了一支笔,她要用这笔,记录自己心跳的频率与轨迹。

离开交趾支那,回法国定居,这是玛格丽特没有预料的事件,她只是被命运推着走。这次航行的目的地是旺维。在那里,多纳迪厄一家有一所住所,是巴黎市政府的房子,在顶楼。她们只在这里做了短暂的停留,便回到了普拉迪艾，他们自己的家里。旺维的环境真的很差，身居闹市，玛格丽特懒得下楼走动。

幸好，他们只是住了很短的一段时间，很快，他们就去了普拉迪艾。她的父亲埃米尔·多纳迪厄，在他去世以前在那里留了一套住所，以表示他对这母子四人的记挂与眷顾，使他们回国后不至于流离失所。他们递交申请得到了这份遗产，在本国有了栖身之处，并与同父异母的两个哥哥团聚。

关于这两个人，在有关杜拉斯的传记中，只提到其中一个：让·多纳迪厄，他是"雪铁龙"的代理商，对杜拉斯宠爱有加。因为埃米尔·多纳迪厄与玛丽·勒格朗在交趾支那结婚的时候，受人指摘，所以婚后他们也很少回国，以至于这个家族还没有完全接纳他们的意愿，他们只能暂时在这里借住。

埃米尔·多纳迪厄购置的房屋已经多年失修，残败不堪。玛丽·勒格朗与玛格丽特只好借住在当地的一个农民家里。这家的女主人玛丽·布斯凯为人十分精明，以好客而闻名，而她之所以收留玛格丽特母女，是想撮合一下玛格丽特与自己的儿子罗歇的婚事。

玛丽·勒格朗很快识破了女主人的险恶用心，但一时还没有地方可去，只好暂时忍气吞声。相比于女主人的精明霸道，她的儿子罗歇显得木讷愚蠢。

玛丽·布斯凯与玛丽·勒格朗一样溺爱自己的儿子，甚至有过之而不及。罗歇学过一些东西，被村里人称作"有文化的人"，但是他却很少出门，因为他的母亲对他管教十分严厉，生怕他会跟人学坏，只让他在家里辛勤地劳动，就像一头只会低头拉磨的驴。

对于她的老实丈夫，玛丽·布斯凯更是说一不二，这个老实的农民在家里丝毫没有地位可言，但是，多纳迪厄母女更愿意与这位忠厚老实的农民谈几句。

以玛丽·布斯凯家里的资产情况，他们完全可以雇佣别人来劳作，但是吝啬的女主人却喜欢时时督促自己的丈夫与儿子下地干活，除去干活，她不知道他们还会做什么。

对于玛格丽特的到来，罗歇很是惊喜，这个美丽的西贡少女，像一道耀眼的闪电，照亮了罗歇枯燥无趣的生活。他从心里渴望与她亲近，与她交谈，然而这个早熟而性感的少女并不喜欢他，甚至有意躲避他。她经常一个人躲在牧场里,在一棵冷杉树下整日徘徊,或者找一个佃农的女儿聊天。

在罗歇的眼里,这个少女是那么天真可爱,无忧无虑,虽然贫穷得一无所有,但并不自怨自艾,她似乎很享受这种高贵的贫穷。

多纳迪厄一家的回归,让杜拉斯着实热闹了一阵子。不只是美丽性感的玛格丽特让人们赞叹,她的两个哥哥更是让小镇上的女人着迷。

在玛格丽特眼里,她的大哥皮埃尔·多纳迪厄就是一个不学无术的无赖。但这个无赖却生了一副好皮囊,黑发碧眼,风度翩翩。每当他倚着神甫家里的冷杉树发呆时,总能让看到他的女人痴迷:他就那么慵懒地倚在树上,目光茫然,双手插在衣袋里,像是在回忆,又像是在思考。这神情,宛如一个失意的王子,在等待一个美丽公主的救赎。这神情迷倒了当地的女人们,以致于皮埃尔离去很久之后,女人们对他的记忆依旧光鲜如昨,因为没有得到他的青睐而垂头丧气。

那时候的皮埃尔并不喜欢与当地的女人交谈,他喜欢与这里的神职人员交往,而且很是和睦,对汽车的爱好，让他与神甫走得很近。两个人还一起制造了一款奇特的车，因为形态古怪，难以确定，他们就戏称它为"甜菜"。

人们都说："与教士在一起的青年，要么成为杀人犯，要么成为神甫。"而后来的皮埃尔的确应验了这种传闻，他赌博、盗窃、吸毒……无恶不作。

最让当地人看好的是多纳迪厄家的让·多纳迪厄，玛格丽特同父异母的哥哥。让·多纳迪厄继承了多纳迪厄家族的优良基因，身材修长，举止优雅。他是雪铁龙汽车代理商，也算是汽车界的风云人物。因为他英俊多金，人们又把他称为"王子让"。人们都说，他是多纳迪厄家族里了不起的人物，而他却认为自己同父异母的妹妹玛格丽特应该更有前途。

让·多纳迪厄对这个同父异母的妹妹玛格丽特宠爱有加，而玛格丽特却态度淡然。那时，没有人会预料到多纳迪厄家的小女儿有一天会名扬四海。

当玛格丽特·杜拉斯这个名字响彻海外的时候，有很多人为了一睹这个小镇的风采慕名而来。而当探访者向居民提起当年那个西贡少女在这里度假的情景时，很多人都茫然若失。

当年的西贡少女就像一只涉水而来的飞鸟，在这里稍作停留，人们还没来得及看清她的样子，她又一阵风似的翩然而去。成名以后，她也曾回来过，但每次经过，都有意避开人们的目光。

多纳迪厄家的故居，二十年中被转卖了七次，最后在一场大火中寿终正寝，只剩一片废墟。当时，杜拉斯恰好经过这里。她有意识地放慢车速，透过车窗，遥望这片残骸，凝视那年夏天居住过的农家牧场。

罗歇还在那里。这个可怜的男人，在自己暗恋的西贡少女离开之后，就陷入死水一般的沉寂中。按照母亲的指示，他娶了一个当地女人做妻子。女人很是慵懒，与婆婆的关系也不好。曾经为罗歇生过一个儿子，却意外死亡。儿子死后，这个女人就疯了。

这些年，罗歇的人生剧目枯燥而悲凉。当他站在街道上，忽然从奔驰过的车窗里认出当年的西贡少女时，忽然惊讶失语。他像木桩一样伫立在街道上，垂着双臂，表情茫然地看着她。

当然，玛格丽特也看见了他，他颓废的身影只是在她车窗玻璃上一闪,她随即一脚踩下油门,车子飞一般地绝尘而去。没有什么可留恋的,他原本只是她生命中的过客。如果相遇会让彼此尴尬,擦肩而过就是最好的选择。

穿过罗歇家的农场,玛格丽特的车子在普拉迪艾的住所前稍做停留。那场大火烧得很彻底,不但烧掉了多纳迪厄家族在这里的居所,也烧掉了他们留在这里的繁华与痕迹。她隔着车窗,静静地凝视这片废墟,然后发动车子,继续自己的行程。

在经过马尔芒戴的时候,玛格丽特给车子加了油,然后对加油的工人说:"告诉哥哥,我来过了。"然后,很久,人们再没有看见她。过家门而不入,她对自己的王子哥哥保持着一贯的淡然与冷漠。

在她垂暮之年的时候,她又回来了。带着她年轻的情人雅恩,向他陈述自己在这里的生活片段,告诉他,在这个小镇的陵园里,睡着她故去已久的父亲。给他讲述自己从交趾支那回来后,第一次给父亲扫墓的场景。

她说,当她站在父亲的墓前,看到父亲的忌日竟然是4月4日时,心里的悲痛与绝望无以言表。父亲的忌日竟然是她的生辰，此后，她对自己的生日绝口不提。这也是她终生不喜欢春天的原因。

在即将离开的时候，她决定买回这座老宅。现在的主人看出她是有钱的买家，便要价很高，她不置一词，没有任何迟疑，就买下了它，然后就没有了下文。

在她即将离世的时候，她再次想起这座老宅。这个小镇，命令雅恩带她回来，但是雅恩出于对她身体状况的担忧，没有满足她最后的心愿，他害怕她会在回乡的路上死去，她的身体不允许她最后的长途跋涉。

在这一点上，玛格丽特是死不瞑目的。她一直爱着这里。因为爱，才使得她放弃了自己父亲的姓氏，以它为名。在这里，她创造了一个全新的自我，把过去的玛格丽特彻底埋葬。

"我讨厌父亲的姓氏！"她对雅恩说，"我不会给上帝任何东西，不会……"（"多纳迪厄"在法文中的意思是"给上帝什么东西"。）这个姓氏太过沉重，要想新生，这是第一个要逾越的沟壑。

在以后无数个黑暗而迷乱的日子里，尽管她也在不断地追寻上帝的恩泽，但她更保持着自己对生命本身的虔诚与敬畏。

她知道：世上还是有很多人是相信上帝的，相信上帝给出的任何答案。而她不相信，她不只是不相信上帝，她不相信世上任何东西，那是一个深邃而黑暗的"洞"，虚幻的，缥缈的，深不见底。她一生总在寻找一个实体的东西去填充这个"洞"，有时候是爱情，有时候是酒精，有时候是文字，然而更多时候是孤独与迷茫。

"我不知道为什么，我刚刚说出这些话，让我泪流满面。"当她站在父亲的坟墓前，看着那个庄严的姓氏，再次升起厌恶之心。她发誓有生之年再不会提及它。

交趾支那，是回不去的原乡，杜拉斯是自己的新生之地。她要在这里建筑属于自己的堡垒，一个孤独而美丽的堡垒。（杜拉斯在奥克语里的意思是"当地的堡垒"。）

"如果我知道有一天，我也会拥有一段历史，我会有所选择，我会处处留心，我会让这段历史变得美丽而真实，讨自己的欢心。现在，一切都太晚了。那段历史已经开始了,它随心所欲地左右我的方向,我不知道它会将我带向何方。我看不到将来。我拼命地想推开它,而它紧追不放。它无所不包,它将一切化为回忆,于是命运已成定局。"

走出杜拉斯,她却把这个姓氏永远刻在脊背上。

第七章
在巴黎

为了继续学业，杜拉斯到了巴黎。虽然，她一再对母亲说起写作的事情，但是玛丽·勒格朗却总是不以为然。她自认为很了解自己的女儿，她说：你要写作，写什么？从小到大你从来就没有离开过交趾支那，认识的人也不多，没有任何社会阅历的女孩子，你能写什么？如果玛格丽特拿起笔来，只是为了写家里熟稔的人，把家里那些黑暗的、零碎的、不能让世人看见的东西公之于世，玛丽·勒格朗宁可从没有这个女儿。

怎么才能消除女儿这个"可怕的想法"呢？这个任何难题都打不垮的女教师开始对自己的女儿循循善诱。她必须扼杀她这种愚蠢而危险的念头。

玛丽·勒格朗以自己的人生为例，给玛格丽特讲解生存之道。的确，玛丽·勒格朗从来没有培养过自己的天赋与才能，她不看书，不看戏剧，不看电影，浑身上下没有一点文艺细胞，但她却有办法把生命里的每一天过得兴致盎然。

继承父业是很重要的。这种观念在玛丽·勒格朗意识里根深蒂固。她对玛格丽特一再重申自己的这种意见和主张。"也许有一天你会成功。"她说这句话的时候，目光并没有放在玛格丽特身上。她像是自言自语，又像是在问一个躲在暗处的黑影。那到底是什么，她说不清楚，也许是已故丈夫的亡灵，也许是那个神通广大的上帝。

无论如何，她对女儿的前途寄予厚望，她能察觉到玛格丽特骨子里的那种热情与力量，她相信只要玛格丽特全力以赴，她就一定可以一鸣惊人，是的，她身上就有那种不可抗拒的魔力，让人深信她的卓绝与超然。只要不是写作,她很愿意自己的女儿能一鸣惊人,而现在她要做的事就是把她的能量全部驱赶到完成学业上。

玛丽·勒格朗从未怀疑过女儿的才能,这个女儿将是全家最有潜力的人,那两个儿子与她相比都黯然失色。对自己的儿子,她很失望,他们一个比一个堕落。保尔的懦弱注定他今生将要一事无成,皮埃尔更是坏到了无可救药。一切都由他们去,她只在意女儿的前途,尽管她不是那么爱她。

实际上,玛丽·勒格朗还很蔑视女儿的虚荣心,更重要的是她不能允许这个"小越南人"冒犯家族的名声与尊严。对于有着坚定的家族信仰的玛丽·勒格朗来说,家族就是一个"难以理解、不可表达,但又不容侵犯的卫士"。

尽管玛丽·勒格朗的管教严厉,但是她终究不能管束玛格丽特一生。很快,玛丽·勒格朗的假期就要结束了,她要带着保尔回交趾支那,只能把玛格丽特与皮埃尔留在巴黎。

习惯了顺从母亲意愿的玛格丽特,不得不暂时把自己"写作"的欲望囚禁起来,按部就班地修习学业。她学数学，学法律，成绩中等，表现平平。身边的同学都觉得这个西贡来的少女，性格孤僻，举止怪异。她的言行并不粗野，但却喜欢引诱男人，在男女关系上表现出一种彻底的开放与自由。

这时候的玛格丽特是非常有魅力的，虽然身材娇小，但却漂亮、性感，身边聚集了大量的追求者。她放纵自己沉沦于肉体的交欢，但唯独不说爱情，这让她的情人们备受打击，又无可奈何。

与此同时，玛丽·勒格朗还坚持在交趾支那那块沼泽地里，与潮水一次次地搏斗。在与大自然的较量中，她也在反复地总结失败的经验教训，红松搭建的堤坝不够坚固，她想可以用水泥垒砌；过低的堤坝拦不住潮水，那就两米的，十米的，她有信心建筑出一条无比坚固的堤坝。在类似的绝境中，玛丽·勒格朗总是出奇的坚定与自信，她相信，只要自己去努力争取，就会实现自己的愿望。

这样的倔强也在玛格丽特的血液中流淌着，她相信自己会是一个无比卓越的作家，透过母亲的封锁，她在努力寻找一切能实现自己愿望的机会。

她对母亲说，她决定学习法律，放弃数学，并承诺一定会取得法律的学士学位。玛丽·勒格朗虽然有一万个不愿意，但她已经鞭长莫及，只好由她去。

巴黎的生活氛围，让玛格丽特迷惘了很长一段时间。她渴望一切重新开始，渴望自己能在这个国度里留下一道普通的生命轨迹。然而她却找不到自己的位置。混乱依旧，连灵魂，连血液都是混乱的。她不能从混乱中脱身，也不指望能摆脱它。

这里很有必要梳理一下当时世界各国的局势以及当时法国的情况。当时西方资本主义国家都在经历一场经济危机。这次危机是从美国开始的。1929年10月24日纽约华尔街股票市场全面暴跌，从而引发了美国的经济危机，并迅速波及英国、德国。法国政府以为自己国家在1920年代的经济业绩似乎可以游离于这场危机之外。

因为第一次世界大战之后，法国不仅得到了德国八十多亿金马克的战争赔款，还收复了煤钢产区阿尔萨斯和洛林，取得了对萨尔产煤区十五年的代管权，并夺取了德国在多哥、喀麦隆、叙利亚、黎巴嫩等殖民地的统治权，加上实行比较严格的贸易保护，使法国工业和农业在20年代迅速发展。法国重工业的进展也令人瞩目。汽车、电力、化学等新兴工业发展更快,此外,由于法国一方面保护国内市场,另一方面却用低定价的法郎打开国外市场,法国出口猛增,巨额贸易顺差加上投资利润回流,使得黄金大量流入法国。1928年以后,法国拥有的黄金仅次于美国。

这种经济形势使得法国人面对美国的经济危机时,就处于一种盲目乐观的情绪之中,甚至在1930年英镑贬值冲击法国的出口能力时,法国政府仍然无动于衷,认为是法郎对英镑的重大胜利。就是在这种乐观情绪中,法国渐渐进入了危机。法国经济危机的特点是,发生的时间晚于其他国家,而拖延的时间却长于其他国家。

法国真正感受到经济危机的来临是在1930年年底。在本国投资过热和国外市场萎缩的双重冲击下,法国乌斯特里克银行破产,经济危机开始。大批银行倒闭,企业破产,生产下降,失业者迅速增加。

经济的动荡带来的是政府的"走马灯":从1929年11月塔迪厄第一次组阁到1935年5月议会选举,法国共更换了8届内阁,都因无力应付经济危机先后下台,每届平均任期不到4个月。其中,塔迪厄、赖伐尔各领导过3届内阁,他们执政期间,法国政局出现向右转的趋势。

他们对内采用紧缩政策,向广大人民群众转嫁危机,如缩减公务人员工资、减少各种抚恤金、补助金,同时却拨出巨款帮助垄断资产阶级渡过难关,并且用秘密基金资助一些法西斯组织。对外继续孤立和反对苏联,主张同德、意接近和亲善。更有甚者,塔迪厄在1932年2月第三次组阁时,公然主张建立"强力政权",力主修改宪法,使国家机器能够更好地适应垄断资产阶级统治的需要。

在这种情况下法西斯势力抬头,法国有成为法西斯国家的危险。面对如此局势,法国社会党、激进党、共产党三大左翼政党联合组成"人民阵线"政府,在1934年7月4日,发生了巴黎革命大游行。场面宏大,声势浩荡。民族自豪感在军事仪式和游行中,油然而生。达拉第反复提醒说:"团结起来,武装起来,联合起来,准备战斗。法兰西与他的帝国结成坚不可摧的同盟的日子已经到来……"

在如此动荡的社会环境中,每个人都惶惶不可终日。当时的玛格丽特对政局并没有特别明确的认识,在她看来,巴黎的生活并不比交趾支那的生活来得轻松:一样动荡不安。

如果非要说有什么不同,就是母亲不在身边。这使得她意识到自己的孤立无援。她说:"如果我以前就该死的话,我应该死于十八岁;将来我死,我也应该死于十八岁。"她的意思是说"在十八岁的时候,作为文中的那个自己已经死去",而现在活着的玛格丽特将只是一个记忆者。

在陌生的环境中,人很容易感觉到孤独,尤其是亲人不在身边的时候。每当她深陷孤独的时候,她对母亲的抱怨就又多了一重。一个母亲怎么忍心将自己的孩子孤零零地留在巴黎呢?生活中还有什么比全家人在一起更幸福的事呢?

她不愿意像其他女孩子一样,整日哭哭啼啼,只好把那个孤独寂寞的自我放逐。她要抓住一根火柴点亮自己的"黑洞",情欲是最好的出口。就这样,不问名姓,不问将来,只是交欢,在猛烈地撞击中抓住稍纵即逝的激情与快感。

她不信任上帝，也无从忏悔自己对别人造成的情感伤害；她也不参与任何党派。参加共产党是后来的事。系里曾经有一个友谊社，是来自西南部的大学生组织的，玛格丽特加入了，并发展了几个密友。

他们都不过问政治，拒绝当时很流行的共产主义与法西斯主义，不参加活动，也不分析理论，只关心自己的未来，修习完学业，自己要做什么，这比加入什么党派更迫切，更有现实意义。

国内的局势越来越动荡，一场内战或者更大的战争即将爆发。在政治论战中，法国在交趾支那的殖民统治受到质疑，人们用"法西斯主义"来揭露政府在交趾支那的统治是披着"合法"外衣的暴行。在此之前，玛格丽特从未听到过如此诽谤法国的言论。

在交趾支那，共产主义是敌人，一切宣扬共产主义的人都将被捕被处死。而在法国，在人民战线里，鲜艳的红旗与三色旗一起高高飘扬。每当她看到共产主义者在咖啡馆门前张贴布告的时候，她都惊诧地睁大眼睛。

在交趾支那生活的日子里，从来没有人怀疑过法国政府执政的正确性、合法性。玛丽·勒格朗也从未给她解释过各方政治团体的利益与损害。尽管她很同情生活在水深火热之中的越南人,但是她也真切地爱着法兰西。

在政治取向上,没有人给玛格丽特一个明确的指导,孰是孰非,这使得这个来自西贡的姑娘茫然无知。第一次,玛格丽特开始思念自己的母亲。从记事开始,她对母亲就怀有天生的恨意。先是恨她对大哥哥皮埃尔的偏爱,后来是憎恨她对自己写作欲望的压制。她曾无数次幻想自己谋杀母亲的场景,而现在她却那么想念她。

相比于外面社会的冷漠无情,母亲的责罚与压制又算得了什么?!只要母亲在,天大的困难都不必害怕,母亲会独自一人接住所有的难题,给孩子们一个安全的空间。而她总会无怨无悔地付出,把保护孩子作为自己一生的神圣使命与责任。

尽管玛丽·勒格朗对待孩子的态度很粗暴,但不容置疑,她也是一位非常坚强的女性,有着铁打的意志力与韧性,即使在最恶劣的境遇中,都不曾放弃自己的信念与努力。这份坚定也毫无保留地遗留在玛格丽特的血液中。玛格丽特意识到：越是思念母亲的时候，越是应该彻底离开母亲的时候。她必须学会"独立行走"。

当她决定要从精神上离开母亲的时候，她的写作也就开始起步。离开那虚幻的温暖，把自己彻底放逐到黑暗的深处，与沉重的孤独相伴，玛格丽特·杜拉斯有了自己的雏形。

而此时，她的母亲玛丽·勒格朗在西贡的生活却有了很大的转机。在即将退休的时候，她发现了能赚钱的机会：为有钱的中国人开办法语学校。她不想回法国，也不想再为廉价的政府机构做奴仆。同时，那个被她认为一事无成的小儿子保尔，也大器晚成，他先是通过了成为政府官员必须考核的安南语考试，做了工程部门的检查员，后来又谋得了当地劳力监督员的职位，并兼任交趾支那劳力监督员，受威廉·X的领导。总之，多纳迪厄一家在西贡的境遇逐渐变好。

玛丽·勒格朗对国内的政治局势并不清楚，一向缺乏政治认识的玛丽·勒格朗依旧坚守着自己的信念，自己所做的一切都是在为当地人民谋福祉，丝毫没有认识到殖民统治的残暴与危害。

在玛丽·勒格朗为西贡尽情发挥余热的时候,意外地接到了玛格丽特结婚的消息。玛格丽特要嫁人了!而且对方是法国巴约纳省副省长的儿子罗贝尔·安泰尔姆,安泰尔姆是法国西南部的显贵。作为多纳迪厄家族来说,这份婚约很有价值。罗贝尔·安泰尔姆本人,也是一个善良、宽容的男人,与玛格丽特是法律系的同学。

在玛格丽特决定与罗贝尔结婚之前,他们始终纠缠在一段三角恋中。具体地说,玛格丽特的前情人与罗贝尔一起热恋着她,前情人热烈奔放,罗贝尔沉稳、宽容,玛格丽特居于中间,难以取舍。

为了结束这段混乱的情感关系,玛格丽特最终决定嫁给罗贝尔。这一决定险些让她的新欢旧爱同时殒命:前情人是因为失恋;后情人是因为羞愧,他为自己的横刀夺爱而不齿。最终还是玛格丽特平息了这件事。这个小个子女人总有办法处理不同男人之间的纠纷。

玛格丽特之所以选择罗贝尔·安泰尔姆,并不是因为特别爱他,而是因为他的尊重与理解。罗贝尔·安泰尔姆欣赏玛格丽特的个性与才气，他始终认为这个女人会不同凡响，所以给予她更多的包容与关怀。用现在的话说，罗贝尔·安泰尔姆就是一个标配的暖男，暖男从来都是好丈夫不二的选择。

而玛格丽特自己的说法是，这个时代太乱了，她需要一个靠得住的朋友，相依为命。在她最想安定的时候，罗贝尔·安泰尔姆给了她想要的温暖与安宁，作为爱情，这个理由有点牵强，但是作为一段婚姻，这个理由足够充分了。

第八章
写作的起点

结婚后,玛格丽特渐渐适应了巴黎的生活。但是她从玛丽·勒格朗那里继承来的家庭观念依旧没有多少改观,她依旧厌恶亚洲人,她甚至直言不讳地说:"把黄种人与我们白种人混在一起简直难以想象。"

说这话的时候,她想必已经忘记了与中国情人在交趾支那的露水姻缘。她性格的复杂性在这里显而易见。

因为在交趾支那的生活经历,使得她对殖民地生活了如指掌,修完学业后,她轻而易举地就在乔治·曼德尔领导的殖民部谋得了一个职位。在工作中,她充分发挥自己的优势,由于出色的表现,她连续得以加薪、晋级,很快进入了"法国香蕉宣传委员会"。因为当时政府禁止法国殖民地种植短小、浑圆的新品种,只是因为这种新品种产量少、成本高。

在这个委员会里,玛格丽特本能地喜欢接近年轻人,她认为年轻人更安全。在卢森堡公园,她坚持不懈地与殖民地的年轻教师交流,获得了很多世界局势的信息。可惜的是当时的玛格丽特在政治上还没有被"启蒙",分析当时的国内外局势不是她的强项。

在国内生活,需要有自己的政治见解,很快玛格丽特就意识到了这一点,她就像一个刚睁开眼睛的婴儿,开始摸索着认识这个陌生的世界,并努力地适应。因为国内革命风潮此起彼伏,法国在殖民地的统治饱受质疑。为了遏制这种思潮,殖民部的乔治·芒代尔决定由新闻专员菲利普·洛克与玛格丽特执笔写作一部歌颂法兰西在海外拥有领地的作品。

这是玛格丽特走向写作的第一步,因为青涩,也因为任务需要,在这部书里,玛格丽特还没有提炼出自己的观点，只是顺应某种指示，竭力向主题靠拢。盲目的爱国热情占据她的笔端，被法国统治的交趾支那是多么美妙啊。"祖国优秀而能干的儿女在远方创建丰功伟绩"。帮助低劣民族进步不是高等民族的责任吗？法国人民乐于承担这种使命。

在写作过程中，她也许不止一遍地回忆起交趾支那女乞丐的样子，回忆起因为贫穷而经历的屈辱，然而这些都不足以让她反思当时法国在交趾支那统治的合法性。对于祖国，她刚刚熟悉并逐步适应的一切，都让她愉悦。她利用文字说谎的能力，第一次运用便轻车熟路。也或许，当时她还不是玛格丽特·杜拉斯，还只是玛格丽特·多纳迪厄。

1940年4月，玛格丽特的写作还在继续，然而德国人已经开始侵占欧洲，法国宣战。当她的丈夫罗贝尔应征入伍时，玛格丽特还在构造着那个"美妙绝伦的法兰西帝国"。书稿完成了，交付印刷，敌人的飞机也刚好开始轰炸巴黎。

德国人强占了法国领土，日本人接管了交趾支那。世界各地，硝烟弥漫。巴黎的局势一片混乱。关于这一时期，人们一直以来的集体记忆是饥饿、抵抗和恐惧。

战时的巴黎，随时随地都会看见死人。玛格丽特既恐惧又兴奋，她喜欢这种未知的颤栗："无名无姓地死去，完全不被人知。"像是上帝的召唤，她想，总有一天，自己也会听见这种召唤。

但是，在没有死去之前，自己能做什么呢？写作，写作，唯有写作。写作是唯一可以抵抗死亡恐惧的方式。玛格丽特不断修改自己的书稿，并给它取了一个朴素的名字——《法兰西帝国》。

1939年6月，法国大溃败的前几天，这本书由伽利玛出版社出版。这成为玛格丽特写作的起点。

虽然，《法兰西帝国》出版了，但是并没有引起人们的重视。伽利玛出版社也没有意识到玛格丽特的写作才华，然而，这却打开了玛格丽特的写作之门，激发了她写作的雄心壮志。

由于再没有得到写作合同，玛格丽特不得不在图书俱乐部谋得秘书这一职位，为了生活，也为了阅读的方便。在工作的间隙，她开始写作自己喜欢的故事题材。一种属于玛格丽特·杜拉斯的写作题材。

因为战争，法国出版界遭到史无前例的禁令。想要公开出版作品，必须屈从盖世太保宣传部门的检查，与奥托·阿贝兹专员灭绝性的亲法政策合作。侵略者对于自己臣民的统治，从来都不只是局限于领土与经济，他们还要禁锢人们的思想，摧毁他们的观念，扼杀他们的文明。为了达到他们的险恶目的，他们总是疯狂地限制人们的言论，对于引导人们思想倾向的出版界，更是他们严厉打击的对象。

法国出版界立即万马齐喑，所有不利于纳粹统治的出版物都被勒令禁止。先是一百部，继而几千部……当写作需要付出惨重的代价时，还会有作家吗？巴黎再也没有激愤的文字占据报端，只有一些听命于德国纳粹的走狗在向自己的主子摇尾乞怜。

为了限制出版物，纳粹除了制定苛刻的审核制度，更对纸张用度做出严格的控制。不听命于纳粹，就没有出版书籍所用的纸张。很快，纸张的用度减少到战前的百分之四。而纳粹提取的税收也越来越重。

令人窒息的政治恐怖气氛，并不能堵住每一个写作者的嘴，无论什么文章，写出来了，作者们都会想方设法地出版，所以在战争时期，法国作家们的产量并不低，只是因为禁令在，公开出版的书籍少之又少。

每家出版社里等待审查的书籍逐日增加，而因为禁令太苛刻，使得审查工作进展缓慢，纳粹们很快就厌倦了这种工作，于是他们接受法国当局贝当的提议，改由法国当局接手这项工作。

法国当局接手这项工作后，很快就根据占领者的意愿制定了审查法，并成立了专门的纸张检察委员会，负责审查出版商的出版物。

粗暴的法西斯机器镇压、控制这里的一切。然而物极必反，要求太多，多到无法逐一审查的时候，所有的要求就失去了执行的意义。面对一年上万部的作品审查工作，纸张检查委员会显得力不从心。于是开始有机灵的作家，引用私人的一些关系，躲开委员会的审查，弄到出版的纸张。

饱受压制的作家们很快发现这个纸张审查委员会的秘书小姐非常容易说话，只要你的理由能打动她，引起她的同情，那么从她这里得到纸张的可能性就大大增加。与委员会那些表情呆滞、行事刻板的委员不同，这位女秘书显得特别温柔可亲，善解人意。

她是那么漂亮，那么性感，身材娇小玲珑，但是腰板挺直，刚剪短的头发，向后抿着，脚上穿着特高的高跟鞋，她很会利用服饰来掩饰自己身材的缺陷。男人向来对美女毫无抵抗力，特别是能给他们带来好处的美女。

因而，玛格丽特·安泰尔姆夫人身边总是围绕着狂热地为各自的作品辩护的作家们。安泰尔姆夫人丝毫不掩饰对他们的好感，只要他们能打动她，别说纸张，她自己也会奉献给你。这个女人，对自己强烈的情欲毫不掩饰。

这一点与当时的社会环境不无关系。近代法国作家比松在自己的新书《1940—1945：糜烂年代》中，曾经很形象地描绘了那个时期的巴黎：在纳粹的占领下，巴黎成了一个超级色情场所，女性的性解放运动空前高涨。

尽管这本书的问世，让法国这个在"二战"期间被怀疑同德国纳粹纠缠不清、历史混乱不堪的国家对自己的过去更加迷惑，更引起不少法国人的抵制与谩骂，但是也从另一个侧面揭示了"二战"时巴黎的混乱。

在这部书中,作者帕特里克·比松将这一时期的巴黎描绘成了一个大型聚会,他说:"我知道这是一个禁忌话题,一段没有人想重提的历史,这会伤害我们的民族尊严。但是事实是人们接受了德国的占领,没有反抗。"

在那段艰苦的日子里,为了渡过经济上的难关,巴黎的女人忘掉了被纳粹关押在集中营里的丈夫,和德国的军官鬼混。尽管她们都鄙夷地把德国军官称为"金发野蛮人"——实际上,这样的"野蛮人",对法国女人有着莫名的吸引力。不仅仅是德国军官,任何可能帮助她们渡过难关的人,老板、商人、邻居,她们都可以为之"献身"。在食物需要配给的岁月,她们的身体是唯一可更新、无穷尽的货币。

每天晚上10点到次日清晨5点,都是巴黎色情活动的黄金时期。历史调查数据说明,1942年,法国有200万男人被关押在监狱里,但是当年法国的人口出生率却直线上升。

有时候,我们分析一个人的性格形成,都不应该脱离他的生活环境。"环境造就人"，在混乱的时局中，让一个女子洁身自好，是一件非常不合时宜的事。在所有杜拉斯的传记作品中，对于杜拉斯的滥交，都表现得十分羞涩，委婉，要么一笔带过，要么避而不谈，即便有所指责，也流于表面的陈述。

我却以为当时社会环境的混乱是一个方面，但是杜拉斯自身的性格缺陷也毋庸置疑。她从来就不是一个贞洁的女人，或者说，她所理解的爱情与常人不同。由于童年时的那件事，使得杜拉斯的性意识觉醒很早，虽然当时她未必能真正领悟性爱到底是怎么回事，但是感官上单纯的快感，让她挥之不去。

在物质享受十分贫乏的时代，身体上的欲望似乎更容易满足。当十五岁的玛格丽特主动献身李云泰的时候，她的情欲之火就已然点燃。她甚至直言不讳地说："如果一个女生一辈子只同一个男生做爱，那她就不是真的钟爱做爱。""我爱男人，只爱男人，我一次可以有50个男人"……对于一个东方女性来说，这言论简直就是"十恶不赦""无耻下流"，而对杜拉斯而言，只是"小菜一碟"。总之，这是东西文化差异而已。

在西方的杜拉斯可以高调地宣扬自己的多情与滥交，而在中国古代，通奸是要被杀头的……即便是现在的中国，对于滥交的女人也是嗤之以鼻的。而杜拉斯之所以没有因为滥交而被世人轻视，得益于她举世无双的写作才华。

如果杜拉斯不是闻名于世的杜拉斯，她还会得到现在人的赞誉与追捧吗？历史从来都是"胜者为王，败者寇"。你强大了，"一胜遮百丑"，无论你做过什么伤天害理的事，别人都会为你辩解，说你是"成大事者不拘小节"；而如果你只是一介布衣，就算你满腹经纶，也不过是沧海一粟。没有人看得起你的付出。

杜拉斯是幸运的，她成功了，所以她可以肆无忌惮地"家丑外扬"而不必担心被人诟病，反而有一大批粉丝在她身后大唱赞歌，称他们的女王真诚坦荡、真实勇敢。

我这么说，并非是因为我对杜拉斯不敬。相反，我是如此深爱这个女人。由衷地敬佩她的才气与果敢，她以自己充满尊严的文字，掩盖了自己毫不检点甚至是有失尊严的私生活。让我们看见了一位尊严、睿智、饱经沧桑、自残、充满苦难却从未被击垮的坚强女性。

杜拉斯的滥交源于她对自己身体内部所产生的那种欲望的不能自制。米兰·昆德拉曾经在小说《生命不能承受之轻》中，详细地剖析了一个男人沉迷于情欲的心理动机，痴迷于与不同女性性爱中的托马斯，总在细腻地捕捉与不同女性之间，每一次性爱中的微小细节的不同，就这种小细节，让他好奇，让他躁动的欲望不断寻求新的刺激。那么，杜拉斯呢？

我揣测：在杜拉斯那个娇小的身体内，也必然蕴藏了那么一种超级霸气的力量，可以让她坦承地对世人说，"如果我不是一个作家，我就是一个妓女。"在说出这句话的时候，她已经强大到了一种目中无人的地步。

因为已经足够强大，所以她无须在意任何人的评价：无论是褒奖还是诋毁。她只需要"真实"。她曾经对她最后一个情人——雅恩说过，"写作就是要真实"。不管对错，不管纯洁与否，都要大胆地说出自己知道的一切真相。

那时候的杜拉斯，早已不是那个仅凭借一腔虚幻的热情就在书稿中大力逢迎"法兰西帝国"的幼稚女人，她自己创造了一个空旷而深远的世界，在这个世界里，她不必看人脸色行事，也不必再虚与委蛇，她能为所欲为，而不惧任何评判。

这是一个真正的女暴君。

显然，杜拉斯身体里的欲望比文字更早一步抵达了那个世界。这么美好的身体，为什么只能留一人独享？为什么不能是一场"情爱的盛会"？她要做这场盛会的主人，所有到场嘉宾都是她的情人。美好的事物需要分享，杜拉斯是如此慷慨。

爱情是什么？她说："爱情之于我，还是肌肤之亲，不是一蔬一饭，是一种不死的欲望，是疲惫生活中的英雄梦想。"这是第一个敢于正视自己的欲望，并将爱情的真相公诸于世的女人。

爱情，只能是躯体里无法泯灭的欲望。占有也是，欲望是这个世界之所以日夜不停运转的发动机。永远是现在进行时，无穷尽。

要求专一归属的爱情，只是道德规范中的爱情。自由生长的爱情，不需要专一，只要顺着本性走，跟随身体里不死的欲望而走。所以当她遇到狄奥尼斯的时候，她把自己的丈夫与情人拉拢到一起，过着"两夫共事一女"的怪诞生活。

世间这么想的女人应该不在少数，中国古时候的女帝王，太后老佛爷们都曾亲身体验过，西方作家中能做到如此有恃无恐的女作家，恐怕唯杜拉斯一人而已。

于此，杜拉斯的一位闺中密友曾有不同的说法，她说，杜拉斯从来没有同时与罗贝尔和狄奥尼斯同居，狄奥尼斯从来没有在圣伯努瓦路五号住过，他一直住在自己母亲家里。而在圣伯努瓦路五号那间套间里，杜拉斯与罗贝尔也是分室而居，各有自己的房间。至于真实的情况，到底如何，没人说得清。

而现在安泰尔姆夫人还是安心地守在罗贝尔·安泰尔姆身边。虽然杜拉斯的水性杨花很是让罗贝尔受伤。好在结婚前，两个人有"君子协议"，罗贝尔在杜拉斯之外，也有其他的女人，一切看起来很公平。

此时的罗贝尔在警察局任拟稿员，每天都有各种禁令传到他手中。在同事的影响下，在抵抗组织成员雅克琳娜·拉夫勒的鼓动下，他尽可能手下留情，最终他还是加入了那些信仰崩溃、认为法西斯主义可行的行列中。倾巢之下，安有完卵。对于他们的政治选择，无可指责。

历史巨轮下，每个灵魂都是易碎的玻璃，如果为了安全而去做一些不得已的事，也是可以原谅的。人性没有那么崇高，也没有鄙琐，只是卑微罢了，只是平庸罢了。

第九章
写作之门

巴黎的出版界依旧混乱。表面上,大家都生活在一派平静中,但在法西斯疯狂的打击与追捕下,一个微笑都变得弥足珍贵。在严峻的战争氛围下,大家都变得表情呆滞,神态慵懒。

聚会还是要参加的。在不同的场合里共享晚餐,分享一些不咸不淡的感想;看似愉快的交谈,但谁也猜不透谁的真心,一切都是虚伪的逢迎,其实大家活得如同行尸走肉。

各种党派的争斗依旧如火如荼，一些宣传各类政见的文字里还是火药味十足。一会儿是颂扬抵抗主义，一会儿宣扬法西斯主义，还有共产主义，歧视犹太人……巴黎就像一个大杂烩，集合了形形色色的观点与派别。

玛格丽特看着眼前这个荒诞的世界，时而觉得滑稽可笑，时而觉得惴惴不安。她不满足于现状，但又无法改变现状，便有了很多的内心戏。相对于时代的潮流，个人的力量微乎其微。当发觉自己的渺小，玛格丽特开始有大段的时间来思考"自我"这个虚拟的东西。

交趾支那的影子在记忆里淡去，眼前的巴黎使人窒息，她像一片飘零在空中的落叶，飘飘荡荡，寻找一个温暖的落点而不可得。四周黑暗，满目荒凉。前不知来路，后不知何方，她倍感孤独，从离开交趾支那之后，这种孤独便与她如影随形。

在她的情感世界里，交趾支那是故乡，但是一个响亮的声音不断在她耳边轰鸣——那不是，那不是。法国巴黎，至今她都无法真正融入的地方，却时刻有人逼迫她承认，她属于这里。不，她自己没有祖国，她永远活在别人的国度中，她是没有祖国的孤儿。

总要找一个地方安置自己，如何找准自己的落点，并把自己扎根于此呢？写作，唯有写作，是她能够自我掌控的方式。她开始提起笔，耕耘一块属于自己的土壤，并把自己所有的念想播种下去。

她开始写小说。在小说中，她第一次变身为玛格丽特·杜拉斯——一个生活在多尔多涅的姑娘。必须把家安在法兰西，把自己的根扎入法兰西的血液里，这么想的时候，她有了一种虚幻的温暖。有关杜拉斯的传奇，就此拉开序幕。

与所有写作者一样，最初的作品总是叠印着某个作家的影子，这部小说，通篇都笼罩着莫里雅克似的气息。然而，玛格丽特很入戏，她以深情的语调描绘盖喜山的巍峨高峻，描写"于德朗式"的住宅。她——玛格丽特·杜拉斯出生在佃农发展来的大家族里，有着高贵的佩里戈尔血统，有一个好吃懒做的童年朋友"让"，一个"花天酒地"的兄长（简直是她大哥哥皮埃尔的缩影），还有一个亲爱的远离她的小哥哥，一个身受重创、身心俱疲的母亲，没有父亲。她自己则孤僻、暴躁，一切都是她现实生活的翻版。

在写作中,她有一种揭示所有秘密的冲动,而又不得不刻意掩饰一些什么。她像一个欲说还休的省略号,把自己的人生安放在一个平静的乡村生活的背景中。

她把这部书叫作《同谋者》,后来又改名为《塔内朗一家》,书写完后,她把它投稿给伽利玛出版社,然而出版社很冷酷地拒绝了她。她可以为别人的爱情小说争取到出版用的纸张,却不能为自己的书申请到纸张。这让她很是抑郁。

也许,当时对于这本书的出版,她自己也没有抱着很大的希望,所以遭到拒绝后,她也没有太大的痛苦。放下出书的事,她又投入到按部就班的工作中去了。

就在这时,上帝给了她一份意外之喜:她怀孕了。当她把消息告诉罗贝尔的时候,罗贝尔很开心,尽管此时两人分居已久。

对于玛格丽特的水性杨花,再绅士的男人也难以忍受,只是出于多年的情分,罗贝尔还没有正式提出离婚。孩子的到来,缓和了他们的关系,把他们的婚姻从破裂的边缘拉了回来。总之,这孩子来得很及时,不但拯救了玛格丽特的婚姻,也让她内心深处激荡的爱有了新的寄托。

在怀孕期间，为了孩子能安全分娩，她暂时远离了那些聒噪的情人们。每次摸到隆起的腹部，感到那一阵阵的胎动，她都喜不自胜。终于要有孩子了，有了一个完全属于自己的爱的对象与载体。

玛丽·勒格朗怀着她的时候，也是这样的吧？她开始想念自己的母亲。她发誓，绝不会让自己的孩子陷入贫穷的沼泽地，她会尽一切能力养育他，爱他。她会永远守着他，而不会像自己的母亲那样，把孩子独自留在巴黎，承受无法忍受的孤独与寂寞。

如何才能让自己的孩子得到最好的保护？战时的巴黎太糟糕了。当预产期来临，玛格丽特选择了一个僻静的私人教会诊所。她以为这样的诊所会给他们母子一个安妥的照顾。然而，让她始料未及的是这个诊所里的修女竟然不会接生。

玛格丽特忍着剧烈的宫缩痛，冒着差点丢掉自己性命的危险，生下了一个男孩。当她挣扎着要看自己的孩子时，接生的修女却告诉她，孩子已经死了，死于脐带绕颈。

玛格丽特伤心极了。她对修女大喊大叫："去把我的孩子抱来，让我看他一眼，他长得什么样子？像我吗？你们把他怎么了？快去把他抱来，他是我的，你们没有权利处置他……"然而，没有人答应她的请求。为了阻止她看孩子，他们谎称孩子已经火化了。"不能，不能让伤心的母亲看到已经死亡的孩子的尸体。"他们认为这是为了照顾她的情绪。

摸着自己凹进去的腹部，玛格丽特的心，碎了又碎，即便是世上最强大的母亲也不能接受自己孩子死亡这一事实。就在前一个夜里，他还用自己的小脚踢她的肚皮，与她逗乐。那时，她还幸福地憧憬着孩子降生后的情景。而现在，她生下了他，还没来得及看他一眼，就永远失去了他。

这真是一件很痛苦的事。在心痛之余，她又开始诅咒这个世界，这罪恶的战争，这混乱的世道，她每诅咒一次，心里的憎恨就深一层。这个冷漠的世界，毁了自己的童年，也毁了自己的孩子。

生活刚要走出黑暗，这一点希望的星火却猝然熄灭，玛格丽特又陷入巨大的虚空中。

像是额外的补偿，上帝在拿走她的孩子之后，却送来了狄奥尼斯·马斯科罗——她生命中第二个至关重要的情人。

狄奥尼斯·马斯科罗原是伽利玛出版社的审稿员，对文学作品有着独到的见解，在为自己的书籍争取出版的纸张时，认识了玛格丽特·安泰尔姆夫人，并疯狂地爱上了她。

年轻时的玛格丽特·多纳迪厄是男人的毒品，一旦上瘾，难以戒除。而狄奥尼斯·马斯科罗对于文学作品的鉴赏力，也让玛格丽特对他青眼有加，她意识到这段关系会长久地持续下去。然而，她还不想立即结束与罗贝尔的婚姻。这个贪婪的女人，她想要的总是超出自己的预期。

怎么长久地拥有这两个男人的眷顾与爱情？这的确是个问题。杜拉斯开始动用自己所有的智力，企图把这两个男人都掌控在自己的身边。也许，对于一个有魅力的女人来讲，这并不是一件特别困难的事，她有的是谎言与手段。只要她稍稍动一下心思，就可以把一些情令智昏的男人哄骗得团团转。

她介绍他们认识，让他们互相意识到对方的真诚与善良而不忍两败俱伤，于是默许了彼此的存在。

玛格丽特的举动完全颠覆了婚姻观，让很多的当代人望尘莫及。

如果玛格丽特没有怀上狄奥尼斯的孩子，这种关系也许还会继续下去，然而谁又能真正揣测上帝的旨意。命运来了，他的子民只有接受的权利。

为了生下这个孩子，玛格丽特与罗贝尔办理了离婚手续，离婚，并不意味着再婚。也许，当时的婚姻生活让她很厌倦，也许她终于意识到自己到底需要怎样的生活方式，所以，玛格丽特选择了做单身母亲。

对于婚姻的认识与感触，她曾经在《平静的生活》中写道："他们梦想着找到一个可以永远摆脱对方的办法。他们既不像他们所想的那么相爱，也不像他们想象中的那么相互憎恨。然而，他们被迫困在了一起，因为贫穷，因为婚姻，因为没有任何分离的理由。他们有一种离去的愿望，可是，随着时光的流逝，他们又找到种种借口，打消了这个念头。当人们放任一个期望无限膨胀时，它就再也不具有存在的理由。"

婚姻生活很容易消磨人的激情，让人厌倦，这是玛格丽特不能忍受的，她厌倦了现在的夫妻制。她认为任何局限于形式的夫妻生活都是可恨而无聊的，爱情与友谊应该水乳相融，而不应该非此即彼，如果一定要泾渭分明，要么是因为人类的狭隘，要么是因为人性的自私。

玛格丽特要求绝对的私人空间，这在她后期的生活中尤为如此。她认为爱情与友谊共存是一种理想，长久交往中，玛格丽特、罗贝尔与狄奥尼斯也形成了一种默契，相互的期待与鼓励，使得他们愿意构建这么一种理想，以证明自己的勇敢与史无前例。当时的历史环境也允许他们这么做。

1942年冬天，德国法西斯在斯大林格勒战败，巴黎抵抗运动越来越高涨。在大学同学乔治·罗森费勒德的引荐下罗贝尔夫妇认识了后来的总统弗朗索瓦·密特朗。

弗朗索瓦·密特朗是法国历史上很有才情的一位总统，他的故事完全可以再另开一篇独立成书，这里只是简单地介绍下。弗朗索瓦·密特朗，1916年10月26日生于法国西部夏朗德省雅尔纳克市。其父约瑟夫·密特朗是巴黎至奥尔良铁路公司的职员。密特朗的童年是在家乡和外祖父家度过的。他聪明好学,颇得外祖父疼爱。他每天潜心读书,除了文学,对史地极感兴趣,他曾这样说:"史地是我童年最亲密、最好的朋友,玫瑰色的法国地图和绿色的德国地图常常使我爱不释手。"

第二次世界大战的战火在欧洲蔓延时,密特朗毅然投笔从戎,当了炮兵团的一名二等兵,被派往守卫法国与比利时接壤的马其诺防线。1940年6月14日,密特朗在凡尔登附近不幸受伤被俘,先后被关在吕内维尔、卡塞尔和德国魏玛的集中营。翌年3月5日,他经过周密准备后,趁着朦胧的曙光,逃离战俘劳改营。经过23个夜晚的奔波,他来到离瑞士只有4公里的一个地方。眼看就要逃出魔掌的时刻,不幸被发现了,他被重新投进斯佩肖根监狱。1942年他第三次越狱成功,之后积极投身于抵抗运动。密特朗对自己第三次越狱才获得成功从不隐讳。当他追求某个目标遭到失败时,还常常以此激励自己和鼓励别人。他经过三次竞选,最后成为法兰西第五共和国首任社会党总统。

密特朗与在伦敦坚持抗击法西斯的戴高乐不和，他很坚定地选择与国内的民众站在一起，领导国内的抵抗运动。他认为这是抗击德国法西斯最直接的方式。遇到密特朗以后，罗贝尔夫妇好像看见了黑暗里的一缕曙光，于是很快加入密特朗的阵营，成为抵抗运动的成员。

玛格丽特很是欣赏密特朗的勇敢，觉得他是英雄的化身，他浑身上下散发着"激烈的豪情"，战争让很多人暴露出骨子里的怯懦与卑微，而密特朗却把战斗本身看作生活的激情。他无所畏惧，智慧果敢。

进入抵抗运动后，玛格丽特的观念开始转变：她接受组织的纪律约束，并身体力行。而在此之前，她从未想过人的行动是要接受约束的。参加抵抗组织有很大的危险性，德国在法国的傀儡政权对法国人民的抵抗进行血腥的镇压。

玛格丽特时时处于恐惧之中，她害怕被逮捕、被枪杀，但这种恐惧让她对外围的气氛格外灵敏。为了不被人发现，她故意离群索居，甚至不得不与混在抵抗组织里的法奸周旋。这些行动，让她变得勇敢。

后来,玛格丽特在朋友费尔南德斯的帮助下在圣伯努瓦街得到了一座住所。尽管与费尔南德斯夫妇的政治信仰不同,但是两家却相处和谐。玛格丽特经常被楼上的邻居邀请到家里谈论文学问题。

玛格丽特也会邀请费尔南德斯夫妇到自己家做客,有时候还会为遭受追捕的抵抗组织成员提供掩护。皮埃尔·多纳迪厄也会时时造访。

皮埃尔·多纳迪厄已经彻底堕落了。每次造访,都会把家里的一切洗劫一空,比法西斯抄家还要彻底。这个可怕的恶棍,不但会当场行窃,而且向盖世太保出卖犹太人,凡是能用来充饥、换钱的东西,他一概搜刮得干干净净。坏事做尽,颜面无存。

出于兄妹情义,玛格丽特不得不给予他帮助,任其做自己身上的吸血虫。在他没有住处的时候,她还求助密特朗帮忙。密特朗把自己的一间公寓借给了他,他却趁机把公寓里的一切席卷一空。

对于这个卑鄙无耻的哥哥,玛格丽特忍无可忍:世上怎么能有这么可耻又可怜的人!她憎恨他,却又无法说服自己任他自生自灭。有没有一种方式,让他彻底从世上消失，有没有一种手段，让他得到报应？玛格丽特再次拿起笔，把这个恶棍的恶行与对他的控诉凝聚笔端。她把以前的小说《同谋者》翻出来，借助心里新增的厌弃与愤怒，大加删改，真正属于玛格丽特·杜拉斯的小说处女作——《无耻之徒》诞生了。

小说萦绕着女儿、儿子、母亲的三角关系展开。儿子与母亲亲密无间，结成了复杂奇怪的联盟，而小姑娘永远被驱逐在外，得不到母亲的爱。这个奇怪的家庭，这个爱与恨滚成的富有黏着力和保护性的球成了这本书的主题。小说具有强烈的自传色彩，其人物形象、爱情观念都是杜拉斯自身经历的真实再现。所以，玛格丽特提起这篇小说时，说："这本书是从我这里掉下来的：恐惧和欲望，源自艰辛的童年的恶意……"由此可见，童年生活的阴影给了杜拉斯多大的伤害，她复杂个性的形成与这也不无关联。

小说完成后，玛格丽特对罗贝尔说，这本书一定要出版，否则她就自杀。罗贝尔害怕极了。与玛格丽特共同生活多年之后，他很了解玛格丽特的性子，他知道，这次玛格丽特绝不是危言耸听。

这本书的意义不再是单纯的一本书那么简单，它是玛格丽特的血泪控诉，是她生命激情的出口。不出版，毋宁死。罗贝尔找到所有关系好的朋友，想方设法寻找出版的路径，尽管，他并不觉得这本书有多么出色。

终于，普隆出版社接受了这本书。编辑雷蒙·格勒对玛格丽特的写作才华表示欣赏，并嗅出了一部巨著的萌芽。然而这本书出版在即的时候，玛格丽特却放弃了这本书的出版，理由是：太不完美了。

第十章
奇特的婚恋

就在玛格丽特奋笔疾书的时候,西贡来信了:保尔,她的小哥哥死了。

自从她的母亲玛丽·勒格朗与小哥哥回西贡之后,与巴黎的联系就变得稀少起来。这个冷硬的法国女教师把自己全部精力都投入自己创办的法语学校上。她管理学生非常严格,哪个学生违反校规,都会得到她严厉的惩罚,学生背地里都叫她老巫婆。

保尔与玛格丽特的联系更是稀少,十几年里,兄妹之间只通过一封信。除了生硬的问候,还有一些冠冕堂皇的客套话,只是说他身体、生活都很好,对于日本侵占后的情况只字未提。多纳迪厄家族的人,对政治斗争向来不敏感。

保尔得了支气管炎,因为没有药治疗,死于非命。这让玛格丽特非常痛心。他怎么可能不给她任何征兆就离她而去呢?她亲爱的小哥哥,那个拉着她的手在河滩上奔跑的小哥哥,那个与她坐在荒草堆里一起数星星的小哥哥,怎么可能就这么轻飘飘地去了呢?

她还没有来得及与他告别,没有来得及告诉他,他们之间为什么有着那么亲密的联系,没有来得及告诉他,自己爱他,就如世间万物爱着阳光。他就是她的阳光,她的命。然而那么多的来不及……天涯彼岸无人倾听。

她关掉屋子里所有的灯光,把自己置身于一片暗黑之中。她在自己的"黑洞"了,世上的一切都已与她无关。她在混沌中呼唤保尔的名字,如果黑暗是囚禁灵魂的枷锁,那么她已经坠入枷锁之中,保尔的灵魂如果知道,会来找她吗?

华尔兹的音乐悠然响起，他踏着熟悉的节奏在召唤她，与他共舞，与他同欢。死亡是什么？为什么总能轻而易举地带走她所珍爱的一切，先是一出世就死去的儿子，又是自己思念多年的小哥哥，她应该死于他的前面，或者让自己的心脏与他的心脏一起停止跳动，可是为什么，在他辞世的那一刻，他没有给她任何的提醒与指示？

保尔的死，促进了小说《平静的生活》的写作进程，成为杜拉斯的痛苦记录。保尔的死，让她痛不欲生。在小说中，她写道："现在他死了，平静了……他该只剩下牙齿，眼睛已经凹陷。每当想到他的眼睛，他那双神秘莫测的眼睛，那双深蓝色的，一走进去就让人迷失的眼睛，我一想到这里，啊，犹如胸口被人重击，没有他，我一分钟也活不下去。"

然而，伤痛最终都会被驱散，时间终于抚平所有的沟壑。后来，她用淡淡的语调安慰自己说："我们只能苦中作乐，在内心深处放弃一切奢望，自欺欺人地相信我们生来就注定要忍受这种无奈的生活。"

在冗长的岁月面前，玛格丽特也终于承认了自己的怯懦。她终究没有跟随保尔而去，她坚强地活了下来，只把一段"无法安慰的记忆"留在了记忆深处。

作品完成后，提交伽利玛出版社出版。这部小说，得到了身边人罗贝尔与狄奥尼斯的认同，他们一致认为小说表现出来的氛围，很接近莫利亚克小说风格，而杜拉斯对作品精益求精的打造与磨炼，更让他们敬佩。杜拉斯的写作才华，得到了雷蒙·凯格的认同。

写作之门向杜拉斯打开，眼前似乎是一条坦途。然而这时国内的局势变得非常恶劣，很多抵抗组织被捣毁，很多组织成员被抓捕。更糟糕的是杜拉斯的丈夫罗贝尔也在一次搜查中被逮捕，关进了德国集中营。玛格丽特不得不中止了写作，全身心投入到抗战中去。1950年之前，她再没有任何作品问世。

在丈夫被抓以后，像许多忠贞的妻子一样，杜拉斯开始想方设法营救自己的丈夫。为了打探出丈夫的下落，她决定孤注一掷，独自一人去盖世太保负责抓人的迪潘街办公室，当面质问那些家伙到底把丈夫关押在哪里。

负责接待她的是一个法奸。看到一个如此迷人的妇人，好色的法奸立即忘乎所以。他以帮她救出丈夫为诱饵，逼她就范。这是一个走投无路的女人所能想出的最后的办法。这对她而言，并没有那么困难，她从来都不是贞洁烈女。

当杜拉斯把那位法奸迷得神魂颠倒的时候，他就把出卖组织成员的叛徒的名单告诉了她。组织成员由此铲除了叛徒，也看到了杜拉斯与法奸继续交往下去会对整个组织都有利，于是弗朗索瓦·密特朗告诉她，继续保持与法奸的联系，这是他们与被逮捕同志取得联系的唯一途径。作家杜拉斯俨然成了智勇双全的地下工作者。

这个工作有一定的危险性，玛格丽特能感觉到那个法奸，虽然经常带着她进出高档的餐厅，消费奢侈，但也在时时怀疑她，刺探她。这让她觉得十分刺激，在她娇小的身体内到底蕴藏了多少能量，恐怕她自己也说不清。她害怕冒险，但又渴望冒险，如果这样能为组织做一些贡献，她是很愿意做下去的。她骨子里的英雄主义不允许她的退缩。

那个法奸，十分迷恋玛格丽特，他给她吃喝，给她钱财，战乱时期，女人需要这么一种依靠。但他也看得出玛格丽特也是别有用心，只要她有求于他就好，那样他就可以把这个美丽、性感的女人玩弄在股掌之间了。

玛格丽特与这个法奸一直保持着情人关系，直到1944年8月15日，巴黎解放，她才彻底摆脱了这段恶心的日子，重新投入组织，展开了与敌人的正面交锋。

法国人民取得胜利后，开始清算德国纳粹统治期间，被纳粹收买的法奸、叛徒，并且用各种形式处罚与羞辱那些与德国军官有染的女人们，她们有的被当众剥光游街，还被剃光头……尽管很多女人只是为了在战乱中生存下去，但是清算是不讲理由的。

作为胜利方阵营里的一分子，玛格丽特也参加了对法奸的审讯组织。对那些叛徒，必须严惩。在审讯过程中，她没有因为犯人们的哭号而终止下令对他们进行严刑拷打。所有的惩罚都是正义的，都是他们必须为背叛而付出的代价。

当她的法奸情人落网时，她也以同样的态度审问他，拷打他，也为他曾经做出的一些好事进行辩护。而最终他还是难逃一死。1944年12月，她的法奸情人被枪决。

罗贝尔·安泰尔姆还未回来。许多被纳粹关进集中营的人都回来了，而玛格丽特的丈夫却杳无音信。

时局依旧动荡。巴黎解放后，全国人民期盼着法国义勇军游击队能向国内抵抗武装组织伸出友谊之手，共同维护国家的安全，然而戴高乐却一心搞独裁。国内反对戴高乐的声音一浪高过一浪。

玛格丽特冷静地关注这场毫无意义的斗争，然后投身加入法国共产党。尽管那时候，她对法国共产党的政治理论与联合战线一无所知，但她必须明确表明自己的立场，表现出与戴高乐彻底决裂的决心。

她开始经营由密特朗领导的《自由报》，并成立了信息处，收集有关军队及撤退的消息。为一切在战争中失去联系的法国人寻找亲友。然而戴高乐垄断了所有的信息，玛格丽特的工作随时被定为不合法。然而她还是努力工作，她想借此发现罗贝尔的行踪。

她向每一个从集中营回来的人打听罗贝尔·安泰尔姆的下落，天天到运送犯人回国的车站等待。每当看到那些面容枯槁，神色呆滞的人从车上下来时，他们被摧残的惨状，都让她心有余悸。罗贝尔是否也被摧残成这样，她不敢想象。

每天都有犯人归来，罗贝尔却石沉大海。坏消息接踵而至：先是柏林被烧，后是大量死亡名单传来……玛格丽特日日生活在恐惧之中。每天早上，一睁开眼睛，生怕接到的是罗贝尔的死讯。

最终把罗贝尔救回来的是密特朗。当时他在临时政府的机构任副国务秘书。在盘查几个集中营时，发现了奄奄一息的罗贝尔。当时，集中营中堆满了囚犯的尸体，他从一具具尸体上跨过去，搜查是否还有幸存者。

就在他检查的过程中，他发现了奄奄一息的罗贝尔。他的朋友蜷缩在尸体当中，已经无法辨认，只有他轻轻叫他时，密特朗才认出了他。密特朗立即找到同行的美国刘易斯将军，说："今晚，我必须把一个流放者带回巴黎。"然而，由于当地流行斑疹，不经过医生的检查，任何流放者不准被带走。

密特朗立即坐飞机回到巴黎，在狄奥尼斯的帮助下，伪造了一份假证件。由狄奥尼斯与他的朋友博尚穿上制服，带着假证件，赶回集中营，救出了罗贝尔。

当时的罗贝尔瘦得只剩下一把骨头，还身患痢疾。

途中有好几次昏迷，他甚至觉得自己不会活着回到巴黎了。他急切地向朋友们讲述自己所经历的一切，生怕一昏迷就再醒不过来，他急于控诉纳粹的暴行。

当狄奥尼斯把罗贝尔带回巴黎，带回圣伯努瓦街的家里，玛格丽特看了他一眼，大叫一声就跑了出去。她完全被惊呆了：罗贝尔本来是身高1.78米，体重80千克的大个子，而现在只有30多千克……

罗贝尔死而复生，这是一个医学奇迹。一般情况下，从集中营回来的人很难完全恢复健康。纳粹对关押在集中营的犯人进行的摧残与虐待是超越人类身体承受极限的。能活下来，实属不易。

纳粹集中营没有消灭罗贝尔的身体，却给了他无比坚强的意志。集中营的遭遇，让罗贝尔对法西斯暴行有了清醒的认识，他开始用自己的文字进行血泪控诉，他用了整整一年的时间完成了《人类》的写作，这是他一生中唯一的作品，但却以真实的记叙震撼文坛。

而此时的玛格丽特却把自己的目光转向了犹太人，一辈子也无法忘记犹太人被残害的场景。她用悲痛的语调说："几百万人被杀害，根本不应该是这样。人们无法想象，也根本不可能去想象。""我的一生都背着奥斯威辛的阴影，是的，我背着它，没有办法，随时随地都会看到它。"

世上有没有一种理论是帮助众多民众走向和平与光明呢？有没有一种党派是为了无产阶级服务的呢？杜拉斯更加相信法国共产党宣扬的共产主义理想是人类发展的最高境界，一个美好的乌托邦。

这个一向野性自由的女人，一旦精神世界有了坚定的信仰，就表现出一种难以估量的热情与虔诚。她把自己在圣伯努瓦街的住所当作共产主义者的集聚地，时常召集许多社会名流来座谈，以诺昂教堂的方式排座位：米歇尔·莱利、乔治·巴塔耶、雷蒙·格勒、勒内·莱博维茨……都是她的座上宾。

后来，这个圈子一再扩大，许多党内的知识分子都积极参与进来了。大家热情地把这里叫作"马克思主义学习班"。杜拉斯成了一个慷慨的女主人，不但让暂时没有住处的人留宿，还无偿提供食物。要知道杜拉斯一生其实是很锱铢必较的，即使在她晚年，她已经很有钱了，对于别人依旧异常吝啬。共产主义让她变得慷慨。

然而这个状态没有持续太久,很快这个团体里就出现了很多不和谐的因素。来这里的人思想都非常活跃、激进,各种主义、观点都交汇于此。因为主张与见解不同,很快团体中就分出了不同的派系,继而是出卖、背叛、密探……更致命的是有的人公开指责杜拉斯的生活方式,她竟然与两个男人同居……这让玛格丽特非常愤怒。

1950年,是法共对于反共言论的洗盘期。圣伯努瓦团体成为第一个被清洗的目标。对于玛格丽特而言,不需要任何开除手续,她自己写了一封沉痛的绝交书。在信中,她历数入党六年以来,自己对共产主义的信奉与操守,直言无论何时何地,在不在党,共产主义思想于她是根深蒂固的。但是现在党内的一些变化是她无法接受的,她决定退党。

退党以后的玛格丽特很悲伤,但并没有自暴自弃。虽然她不再是"合法"的共产主义者,但她不会放弃对共产主义的努力,她将做一个"事实上"的共产主义者。激情的消退,让她更加冷静地审视自己曾经做过的一切,看到了豪言壮语背后的"虚假",所谓革命口号背后的"空洞无物"。

在风云变幻的时局中,她始终没有找到自己的正确位置。政治没有了出路。她希望借助"政治信仰解决个人问题"的期盼落空了。她又有充裕的时间来反思自我,探究自我了。"身处于一个洞穴之底,身处于几乎完全的孤独之中,这时,你会发现写作会拯救你。"

是的,写作,才是她真正的归属。玛格丽特·杜拉斯又复活了。

第十一章
灵魂流放地

"尽管绝望还要写作。啊,不,是带着绝望的心情写作。那是怎样的绝望呀,我说不出它的名字。"她心里已经建造了一座"坚实的堤坝"。

母亲玛丽·勒格朗回国了,带着她在交趾支那筹建学校赚来的钱财。然而玛格丽特并没有重逢的喜悦。她不再爱自己的母亲。保尔的离世,似乎带走了她全部的爱与灵魂,也加深了她对母亲的嫌隙。如果母亲能像爱皮埃尔那样爱保尔,保尔不会走得那么孤独。她坚信这一点。

玛丽·勒格朗来到玛格丽特的住所圣伯努瓦街，与她一起住，在法国除了这个女儿的家，她也无处可去。对于玛格丽特的冷淡，玛丽并不介意，她们母女之间一直缺少亲昵。

玛丽·勒格朗在女儿家安定下来，但很快发现女儿家的另类，这个家里的不速之客太多了，他们闹哄哄地挤在客厅里，谈论政局，表达政见，甚至互相批驳、争论。这让玛丽·勒格朗说不出的厌烦。

一开始，看着家里来来往往的各色人等，她还礼节性地接待，后来就开始实施她一贯的"专制统治"。她要求玛格丽特把家里所有的事务——无论大小，都由她安排。玛格丽特表面上表现得热情、顺从，但心里却十分不耐烦。

因为母亲在，所以在朋友们高谈阔论的时候，玛格丽特不得不小心翼翼地引导聚会论题的趋向，不能激烈地谈论共产主义，也不能谈到她的作品。

对于玛格丽特没有在商业上做出成就，玛丽·勒格朗表现得很失望。她的小女儿终于如她自己所愿，成了作家，现在看来还是一位很有前途的作家，这预示着她——玛丽·勒格朗教育的彻底失败。反对玛格丽特已经来不及了，那就折磨她。玛丽·勒格朗想出各种理由，限制玛格丽特的言行。

只有对大儿子皮埃尔的爱一如既往。年近五十的皮埃尔，依旧靠着偷盗过活。即便他是一个无耻之徒，玛丽·勒格朗却从不抱怨。

在巴黎安顿下来后，她就开始四处打听地产的消息，后来她用办学校赚来的钱在安布瓦兹买了一块地，周围还有数公顷的树林。一个很清幽的地方。她与玛格丽特之间的分歧越来越大，她打算在自己置办的房子里颐养天年。

但是很不幸的是她的儿子竟然拿她的房地产做赌注，在纸牌俱乐部赌博，一夜之间把她的家产输了一个精光。

她没有抱怨他，好像他愿意花费自己的钱是理所应当。于是，年迈的玛丽·勒格朗不得不想方设法地赚钱，养活她的无赖儿子，供他挥霍，甚至无比自豪地觉得是在尽一个母亲的责任。

玛丽·勒格朗又花钱在卢瓦尔·谢尔买了一座破落的城堡，装修成一个寄宿制学校，在法国，她想重操旧业，这是她能想到的赚钱的唯一方式。

她还尝试养鸡。把城堡里最大的一间客厅改造成现代化的鸡舍，把电热孵化器安在天花板下面。但是因为红外线操作失误，她孵化出了六百多只畸形的小鸡。很快，小鸡死得遍地都是，整个城堡都臭气熏天。

玛丽·勒格朗为了皮埃尔倾尽所有，对玛格丽特只有不尽的折磨。玛格丽特看着这对诡异的母子，倍感失望与烦恼。尽管，她不想公开指责母亲，她却深信：写作可以打开这道封闭的关卡。

玛格丽特开始写作小说《抵御太平洋的堤坝》。这是一本献给母亲的书。书的中心人物就是母亲，母亲为在交趾支那购买的耕地免受潮水之害修筑抵挡太平洋的堤坝，历尽艰辛，却全部枉费，堤坝被冲毁，母亲破产，一贫如洗，最终不幸殒命。

回来近二十年了，玛格丽特对交趾支那的生活履历，记忆犹新。不需要添加任何的文学手段，不需要任何史料整理，交趾支那的一切都在文字里复活。这不是三十七岁的玛格丽特在回忆十七岁时的玛格丽特,是十七岁的杜拉斯借着三十七岁的玛格丽特的文字复活。

《抵御太平洋的堤坝》使杜拉斯一举成名。这部书也成为杜拉斯最重要的作品之一,常常被与杜拉斯1984年出版的名作《情人》相提并论,杜拉斯曾经以这部作品角逐龚古尔奖。虽然未获奖,但是这部书却先后被不同的国家搬上银幕。

因为标题是纪念母亲,所以在写作中,为了避免母亲的不悦,玛格丽特在文中回避了"民族主义""共产主义""革命""战士"等敏感字样,生怕引起玛丽·勒格朗的不满,回国后的玛丽·勒格朗依旧十分怀念殖民地的生活,不能接受任何诋毁殖民地生活的言论。杜拉斯只能适当地暗示。

在书中,她也有意隐瞒了伊丽莎白·X、中国情人李云泰。那是属于她自己的独家记忆,她还没有做好准备要将他们公之于世。这个故事,只能在她心里酝酿。公开宣扬的,只有保尔——自己的小哥哥,这是比较安全的事。无论她如何赞美自己的小哥哥,都不会违背母亲的道德观。

同时，玛格丽特在借着文字抒发对母亲的爱时，也委婉地流露出对母亲的憎恨。在书的最后，她让母亲死在了散弹的射击中。借助写作，玛格丽特实现了自己梦中的情景：谋杀了自己的母亲。

看到自己死在天才女儿的笔下，玛丽·勒格朗非常愤怒。从书中，她丝毫没有读出女儿的敬意与爱意，甚至认为有些段落是对她公开的指责与控诉。对于母亲的不理解，玛格丽特非常伤心，但她不想修改，任何东西都不能再使得她回到母亲的身边。

虽然，《抵御太平洋的堤坝》一书，角逐龚古尔奖失败了，她却不以为然。她认为自己之所以没有获奖，是因为自己是女人，还是一个共产党员。对于这种排斥，她自认倒霉。不过，她内心深处也并不十分在意，自己尚在努力，荣誉无须来得太早。

写作吧，除了写作，什么都不再做。她每天坐在书桌前，奋笔疾书八九个小时，以一年一本书的速度书写。她说："如果是作家，就要二十四小时都投身写作，否则就不是。"于是，她摒弃生活里的一切，只是写作。

她把写作视作生命存在的最高境界，要么神圣，要么不存在。所以，她说，写作如风，赤条条来，就是写，和其他任何进入生活的东西都不一样，它就是生活，只是生活，别无其他。

在开始写作的时候，她并不设定什么，就像把自己置身在一片黑暗而危险的丛林里。她钻了进去，遇到什么就写什么，她总想回到文字最初的"孩童时代"，不要方向，不要坐标，就跟着直觉走完全程。

然而，她又时刻处在恐惧之中。"恐惧一直都伴随着写作，无论何地，无论什么民众。这里有一张纸，上面一无所有。世界就从此开始，什么也没有，只有空白。而两个小时之后，它被填满了。这是和上帝竞争，人居然敢创造。你写作，你写作就是和造物主作对。你呀，你在玩你的小把戏。这真可怕。"

写作时，她是自己的上帝，也是自己的奴仆。她对自己的作家身份有入木三分的论述，她说："作家是很奇怪的。是矛盾也是荒谬。写作，也是不说话。是沉默，是无声的喊叫。作家常常带来轻松，他听得多。他不多说话，因为不可能对别人谈写成的书，特别是正在写的书。不可能，这与电影、戏剧和其他演出相反，与一切阅读相反。这是最困难的，最糟糕的。因为书是未知物，是黑暗……"

写作让她亢奋，也让她迷乱，"一页写完，一页结束。写作就是一场哀悼。"杜拉斯对自己的作品总是爱不释手。她经常读得入迷，时常忘记是自己写的，"这是我写的吗？哦，太美了。"然后被自己感动得热泪盈眶。

她不能忍受别人不喜欢她的书。这并不表明是她的虚荣心在作怪，她并不在乎自己的存在，她在乎的是自己的欲望。难怪她的很多朋友说，如果不写作，杜拉斯就是一个疯子。

她狂热地爱着自己的文字，丝毫不介意被任何人转载或者引用。虽然，人们的理解未必有她深刻，但是内心深处的认同，让她兴奋。她说："书对大家来说是最平等的，不朽的，永恒的。"书是她写的，并不完全为她所有。

她像疯子一样写作，只写她自己，写自己有限的人生经历。书的主题永远都只能是自己。她无所顾忌地投入写作，不是为了成名，是那种强烈的欲望，在她的内心激荡，她必须释放。

当她夜以继日地投身写作，身体健康被置之脑后。她喝酒、吸烟，长时间地保持坐姿使她腰肌酸疼，内脏纠结……写作在逐渐摧毁她的容颜与精神。

本来写作需要安静。但是她的偏执与疯狂，让她的生活不断掀起狂风巨浪，这让与她一起生活的狄奥尼斯·马斯科罗痛苦不堪。她常常挑起事端，大发雷霆。然而狄奥尼斯·马斯科罗始终沉默，始终忍受。

情绪平静的时候，玛格丽特也开始审视自己的精神状态，她知道自己需要独居，只有独居，她才能有充分的时间来写作，有足够自由的方式来表达自己的情绪，然而乌达还需要母亲的照顾，这让她进退两难。

在要写作还是要儿子之间，她只能选择乌达，为了乌达，玛格丽特暂时还不能离开狄奥尼斯，但她选择了另一种方式的逃避：她时常出门与别的男人幽会。她必须不断地走向新的身体，新的情人，才能彻底发泄自己的郁闷，也只有新鲜的肉体，才能刺激她的灵感。她甚至公然宣称自己拥有各种各样的情夫……

很快，她的坏名声传遍巴黎，人们都把她叫作"荡妇"。

对于公众的指责，杜拉斯不屑一顾，她随时准备抛弃一切。当然除了儿子与写作。她非常爱自己的儿子，就像自己的母亲玛丽·勒格朗爱皮埃尔一样。她无条件宠爱他，乌达小的时候，她拒绝以任何方式教育他。她认为孩子应该拥有充分的自由做真实的自己，孩子的成长应该顺其自然，任何有意识的塑造都是对孩子天性的摧残，所以现在的乌达无法无天，成了一个令人讨厌的家伙、一个可怕的孩子。在做母亲这方面，玛格丽特并不比她的母亲玛丽·勒格朗更出色。

这段迷乱而疯狂的日子，促成了《直布罗陀海峡的水手》的写作。小说写的是一个想改变生活的男人登上一艘游艇，游艇上的女人，正跑遍世界寻找她爱着的直布罗陀水手。直布罗陀水手是谁？一个年轻男子，一个杀人凶手，一个受害者，他和游艇上的女人短暂邂逅，随后消失在某一个港口。爱情在想改变生活的男人和执着于直布罗陀水手的女人之间产生了。他们俩一起认真地寻找那个失踪的水手。如果他们找到他，那将是他们爱情的终结。

这个故事,很像当时玛格丽特情感状态的缩影。她一直在寻找一种理想的爱情,就像她对保尔的爱一样,保尔走了,她亟需寻找一个新的情感载体,让她的灵魂有所依靠。

小说结束在意大利海边的一个小村子里,那个村子的原型来源于战后,她曾经与罗贝尔、狄奥尼斯一起住过的一个小村子。那是罗贝尔从集中营回来后,她曾经陪他在那里休养过一段时间,她忘不了那里。那里的夏日阳光,耀眼而酷热,那是她所熟悉的味道。借着这种味道,她思绪飞扬。

很快,她就带着意味深长的追忆,创作了又一部作品:《塔吉尼亚的小马群》。小说以清新的笔调写阳光、大海、辽阔的沙滩,还有一艘孤独的游船。一个小村子隐约可见。在外人的眼中,这里的一切都是那么祥和,而这里的人们却百无聊赖。

这里的人们日复一日,晒着同样的阳光,吹着一样的海风,傍晚时,在酒馆里长时间地喝啤酒,举行滚球比赛,或者唱歌、跳舞……千篇一律,毫无新意。每个人都觉得岁月乏味，感觉到这岁月禁锢着自己的灵魂与神经，生活压抑窒息。只有通奸的人肆无忌惮地追求着激情。一念天堂，一念地狱。

《塔吉尼亚的小马群》的出版，取得了成功。也正是这本书，把雅恩·安德烈亚引进了她的生活。但是杜拉斯自己对这部书并不十分满意，甚至大为恼火。她为自己没有更好地表达自己的意图而沮丧。尽管这本书吸引了大量的读者，人们都认为这本书很有感染力，作者的写作手法很艺术。但杜拉斯却为自己在写作上表现出的谨慎而后悔。

她不想自己写出来的东西，也与其他人的特点雷同。她应该有一种独特的写作手法，即便是千篇一律的题材，她也应该写出独一无二的味道。在小说中谈论中年夫妻日常生活的那些琐碎的细节是很烦人的，她更喜欢探讨非夫妻之间的人物关系，以及这个空间中，无法摧毁的激情。

在这样的心理状态下，她又写作了《森林中的日日夜夜》《多丹夫人》《蟒蛇》《工地》。她借着身体内那种无法掌控的激情与欲望，在纸上驰骋，在一片没有人涉足的领域内征战。

如果人们读到这些文字,他们会作何感想?如此把个人的隐私公开化,是不是有点可怕?如果人们看穿了她,哦,不允许这样的事发生。她是这个世界上最费解的女巫,于是她与读者玩起了欲盖弥彰的游戏,她越来越喜欢谜语似的故事,让人们误读,费解,难以识破她设置的谎言,那是比较安全的方式。

杜拉斯喜欢在文字里故弄玄虚,而她的读者总是盲目地追随。她从不向自己提出任何疑问,却在不断地寻求答案。读者们跟随她的思绪探险,在自己的画板上画出自以为正确的轨迹……

第十二章
荒唐的爱情

如果说写作是杜拉斯给自己设立的一个人生目标,那么对爱情的渴望就是她骨子里无法根除的原罪。每当她在写作中遇阻,她总是喜欢外出寻找情人。新鲜的激情,新鲜的身体总给她新鲜的体验,取之不竭的灵感。对此,她乐此不疲。

对于环绕在身边的各色情人,杜拉斯总是不屑一顾。无须承诺,无须嫁娶,一切你情我愿,没有缘由地开始,也可以毫无征兆地结束。她就像一片自由自在的云，在不同的气流层里流转，却不愿意为任何人停下脚步，直到她遇见命里的克星——热拉尔·雅洛。

1943年的圣诞节晚会，杜拉斯独自赴宴。在这次宴会上，她与热拉尔·雅洛不期而遇。几乎是一出场，他们就吸引住了彼此的目光。

那时候的巴黎文艺场，男人们都以不修边幅来彰显自己的艺术家风范，只有热拉尔·雅洛不一样，他总是仪表得体地出现在人们的目光中。他的卓然不群，让玛格丽特倍生好感，然而这并不是他最吸引玛格丽特的地方。能吸引住她的，是热拉尔·雅洛的眼睛，那双眼睛一下子就看透了她内心深处的欲望。

这是一个最适合担任情人角色的男人，他的一生就是为激情而生，女人于他是一种神圣的召唤。为了享受激情，他可以无所顾忌，在这一点上，他与杜拉斯如出一辙。

当热拉尔·雅洛第一眼看见杜拉斯的时候，凭着自己锐利的眼光与丰富的阅历，他便看出了这个女人身体内蕴藏的巨大的欲望与能量。他要征服她——这个女人中的女人，这个面对任何男人都无所畏惧的女人。

当时，他刚刚离开了巴黎的女演员弗朗索瓦丝·阿奴尔，正处于感情的空窗期，这个小个子女人一出现就吸引了他全部的注意力。她的妩媚，她的性感，无不撩拨着他身体内躁动的欲望。他迫不及待地发动攻势，对她挑衅地说："嗨，玛格丽特，我会在街道拐角的那家咖啡馆等你，我知道你一定会来的。我会一直在那里，一直等到你走到我面前。"

杜拉斯迎着他挑衅的目光看过去，那是一张很英俊的脸，带着男人少有的霸气与自信。第一次，杜拉斯因为男人的彪悍而恐惧。两个人一起离开晚会，她却选择了退缩，她独自一人回家，心里怦怦直跳。

她对自己表现出来的拘谨很惊讶，她有过那么多的男人，没有一个男人能让她这么心神不宁，羞涩如少女，即便是对李云泰献上童贞的时候，都没有这么拘谨。她意识到自己追寻多年的爱情姗姗来临了。但她不知道如何迎接这份棘手的爱情。

她确信这是她追寻已久的爱情，那个男人，那个火山般炙热的男人正是她思慕已久的梦中情人。他英俊潇洒，睿智幽默，热情洋溢，霸气冲天……这些特质无不吸引着她贴近。但是作为情场老手，杜拉斯也深知：只要是爱情都是伤人的。对于一个擅长编写爱情故事的女人来讲，她太清楚爱情的无常与绝望。要还是不要？她很挣扎。

尽管杜拉斯能轻易地收服一个男人，哪怕只是身体上的，但是在她内心深处，她一直没有安全感。她总觉得上帝对她有些刻薄，凡是她最爱的，上帝都会如数拿去，即便上帝不拿去，他们也会主动抛弃她。保尔是，第一个儿子是，母亲是，李云泰也是……无可否认，他们都是爱她的，但最后却无不离她而去。那么热拉尔·雅洛呢？他们之间会不会也不得善终？如果得到终究要失去，她宁可现在就不要去碰。

连续数日，杜拉斯都有意识地回避那家咖啡馆。尽管她知道雅洛就在那里等着她。然而这种坚持也不过是一只困兽垂死之际的抽搐与不甘。该来的，终究会来的。

杜拉斯的意志只维持了七天。那个男人就像是安插在她脚心的磁铁，吸引她一步步走向他。终于，一周以后，杜拉斯还是走进了那家咖啡馆，就像一个勇士无比壮烈地走向了自己的断头台。

他们做爱了，在热拉尔·雅洛身上，她获得了久违的激情。那种"有节制的野蛮，有礼貌的粗暴"让她欣喜若狂。她知道雅洛不是什么正人君子，但他优雅的举止还是让她欣赏。他那种罕见的演讲天赋以及在一些无关紧要的小事上的谎言都让她甘之若饴。他是一个调情的好手，适时控制他的情感与节奏。

故事开始的时候，杜拉斯尚且以为自己能掌控它的走向，就像自己能掌控写作的节奏一样。纸张一旦展开，无论怎样驰骋，结局总在她的手中。然而这次，她却失控了。

保尔死后，杜拉斯曾经以为自己的灵魂已被他带走，这一生再也不会有那么深刻的感情。然而在与热拉尔·雅洛的交往中，她竟然再次捕捉到了那种"不可能实现的爱情的滋味"。这种似曾相识的感觉，这种失而复得的惊喜，让她喜极而泣。也许，这是上帝的怜悯，上帝愿意再给她一次铭心刻骨的爱情，以修复上一次爱情留下的创伤。

杜拉斯开始为雅洛创作一篇小说——《街心广

场》。这是那一时期里，她唯一的作品。

在小说里，杜拉斯描写了两个扎根现实生活的人，偶然相遇，坐在同一条长凳上，虽然互不相识，却以交换彼此内心的秘密做消遣。这种独特的视角，让读者觉得这些看似"随处可见的人"，虽然在表达方式上颇有个性，但在表达需要的时候，却与常人无异。正如杜拉斯与雅洛的爱情，看似无异于常人，只有他们能体会其中的美妙。

自从杜拉斯遇到热拉尔·雅洛之后，她就完全沉浸在新的恋情中，很少写作。他们彻夜狂欢，也经常一起旅行。他们一起做情人所能做的任何快乐的事，也回避他们之间的分歧与矛盾。那是他们的蜜月期。

就在玛格丽特沉浸在自己的幸福中时，却意外收到了母亲玛丽·勒格朗去世的消息。这对母女终其一生都没有达成很好的默契。

接到消息时，杜拉斯与热拉尔·雅洛正在圣特洛佩度假。尽管杜拉斯十分不情愿参加母亲的葬礼，但也不得不立即结束旅行，赶回卢瓦尔湖畔的母亲家中。

从《森林中的日日夜夜》出版后，杜拉斯只去过母亲家一次。那次，还是冬季，玛丽·勒格朗蜷缩在她的大卧室里，客厅里挤满臭烘烘的绵羊。暮年的玛丽·勒格朗经常做出惊人之举，这不是怪癖，而是一直种植在血液里的癫狂。

以现在的眼光看，玛丽·勒格朗应该患有轻微的精神疾病，只是出于当时的情况，未能及时得到诊治，或者家人们习惯了她的反常不以为是病。就如杜拉斯一样，多数情况下表现得与常人无异，而一旦遭遇某种挫折，这种歇斯底里的力量就能爆发出来。

现在，玛丽·勒格朗再没有力气来折磨玛格丽特了，她彻底安静了。她不再因为女儿做了作家而失望，也不再为她的大儿子皮埃尔殚精竭虑。她一身黑衣，安静地躺在那里，等待着女儿的回归。

杜拉斯在《抵御太平洋的堤坝》里描写的那一幕真实地出现在她面前了：母亲死了——现场的每个人都在哭泣、拥抱，为永久的分离而绝望。但此刻，她没有绝望，她与母亲之间的那道天堑，并没有因为母亲的死去而被填平。她们依旧彼此怨恨，这有点不可思议。

杜拉斯冷酷地拒绝了拥抱母亲的要求，只是在心里默默向她陈情：她对大儿子的宠爱，即便是无意的，也会让那些倍受冷落的孩子心生怨恨。本来这些话，在母亲生前，杜拉斯就应该说给她听，但固执的母亲总是听不进去，只是不断地表示对她做了作家的失望与遗憾。这种失望，一直到死，都没有在她心里真正消失。

在玛丽·勒格朗的遗嘱中，取消了女儿所有的继承权。所有的家产、家具、物品，她所拥有的一切都留给了她的大儿子皮埃尔，以此表明，她对那个不听话的小女儿的责备和不原谅。在她心中，那个大儿子才是她始终最在意的人。

葬礼的前夜，杜拉斯与热拉尔·雅洛在卢瓦尔湖边的一个旅馆里，开了一个房间。他们彻夜喝酒，做爱，做爱，喝酒，直到天亮。即使天亮了，杜拉斯依旧赖在房间里不肯离开。与此同时，皮埃尔与众多送葬的人都在等待她出现，以开始仪式。

最后，在热拉尔·雅洛的逼迫下，杜拉斯才回到家里，参加母亲的葬礼。她轻轻吻了母亲的额头，心里却在想着等待她回去的热拉尔·雅洛。玛丽·勒格朗的辞世，也深深地打击了皮埃尔，他彻底垮了下去，没有了母亲的庇护，他在这世上再无存在的意义。尽管如此，他还是又孤零零地在世上混了十几年。在他的余生里，他的妹妹再没有为他提供任何帮助。

十五年后，他也葬在了这里，遵照玛丽·勒格朗的遗嘱，他葬在了母亲的身边。这一对奇怪的母子，终于永远在一起了，只有他们两个，再无别人。

葬礼之后，杜拉斯并没有立即离开这里。在她潜意识中似乎意识到一种危险，一旦离开，热拉尔·雅洛就不再属于她。她十分珍惜两人共处的这段时光。

每天，他们都关在房间里，喝酒、做爱。夜幕降临之后，就一起出去找一家咖啡馆，吃点什么，然后再回到房间喝酒。只是纵情于交欢。尽情享乐吧，即便未来分开了，也不后悔曾经相爱。

他们的爱情持续了几个月，热拉尔·雅洛还是有了别的女人——一个聪明而迷人的脱衣舞女郎。热拉尔·雅洛天生就是女人的克星。他的情欲太强，不可能专情于一个女人。他需要时时刻刻享受那种难以控制的激情。一个女人只能在交往之初才能给他那种感觉，一旦激情消退，他就开始不安分起来。

在热拉尔·雅洛一生当中，只有一个女人曾让他持续地爱了几年，随后的每一段爱情都是稍纵即逝的烟花。所以，在杜拉斯内心深处，一直很困惑，那究竟是怎样的一个女人，让这个花花公子如此深情相待。

她并不嫉妒他身边那些比她年轻的女人，她们都不过是他泄欲的工具。阅人无数的杜拉斯早已看透了爱情的戏码。所有爱情的程序总是千篇一律：先是相遇相知，然后相爱相杀，当爱情结束的时候，一切归于沉寂，然后等待新的爱情降临，所有的顺序再重复播放。有时候，她甚至希望爱情快点结束，以便开始新的轮回，新的激情。在这一点上，她与雅洛是同一类人。

尽管已经看透了结局，但爱情真正结束的时候，伤痛还是很真切的。雅洛的离开，让杜拉斯悲痛欲绝。她感觉到自己又死了一次。所有的朋友都赶来安慰她，开导她。杜拉斯自己也终于慢慢走出阴霾，毕竟久经情场，她没有那么脆弱。

她劝慰自己说，也许应该走出去看看外面这个世界发生了什么，以便转移自己难以排遣的悲伤。看看电影，或者给一些报纸写写评论。

也许，大多数人对于杜拉斯的认识停留在电影《情人》上，其实，杜拉斯也是一个非常关心政治与社会的作家。在这个时期，她写了大量的社论，抨击时政，表达论点。只是有时候，她不再标注杜拉斯这个笔名。

她勇敢地表达对萨特的崇高敬意，揭露戴高乐个人专权的危险性。她抨击人们漠不关心时政的浅薄，反对武装镇压，反对滥用公权……她成了一个敢于发表反对意见的人。然而，她也并非完全开诚布公。她总会有意识地把一些攻击性很强的文字写得隐晦难懂，也从不在公开发行的刊物上发表言辞激烈的文字。这也是她自我保护的一种方式吧。

在1954年与1958年之间，杜拉斯写了大量社评，但出版作品很少。除了《街心广场》，她并未被人关注。

导演阿兰·雷奈的造访给她带来了转机，他邀请她改编一个电影剧本。这让当时只写小说的杜拉斯开始涉足电影界。

当时阿兰·雷奈执导的影片《黑夜和浓雾》取得了巨大的成功，并让他从众多导演里脱颖而出，跻身优秀导演的行列。能与这样的导演合作，对于剧作家来说，是求之不得的。而他之所以找杜拉斯合作，只是因为很欣赏她的写作才华。

阿兰·雷奈把剧本给了杜拉斯，告诉她，只需要修改下就好，除了电影的男女主角不能改动外，其他的都可以改。因为是与日本合作的电影，影片中必须设计一个法国的女演员和一个日本的男演员就可以。

开始时，杜拉斯对这个工作并不特别感兴趣。她看了一下剧本，剧情十分沉重。阿兰·雷奈告诉她，这个剧本是由一个无名作者创作的，但他不是十分满意，杜拉斯的任务就是想办法把这个剧本修改得让他满意一些。

杜拉斯看完剧本后，对阿兰·雷奈说，"这个故事可以保留一部分"，后来又说，"我不知道如何保留这个故事。"阿兰·雷奈以为杜拉斯不想改，立即支付了一百万旧法郎给她。然后接到杜拉斯的回信，说："我会为你做些事情的。"

半个月后，阿兰·雷奈收到了《广岛之恋》的详细剧情梗概。这时候，她还不知道这个电影很快就会让她名冠全球。

阿兰·雷奈通过了她的剧情梗概，让她根据这个编写剧本。杜拉斯考虑了十天，却不知该不该放弃这一创作。她对阿兰·雷奈说，她很怕自己写不了这个剧本。因为第一句话就把她难住了："你在广岛什么也没有看到。"接下来是什么呢？

阿兰·雷奈立马给她带来了很多日本图片、纪录片。她翻看这些东西，还是不知如何下手。但是杜拉斯血液里流淌着玛丽·勒格朗的韧性，她要挑战这种不可能。广岛，作为世上第一颗原子弹的爆炸地，它的悲惨难以用文字来描述。也许，有一种新的手段可以。在这种想法的启发下，杜拉斯开始了《广岛之恋》的创作。

在写作过程中，阿兰·雷奈会定期检查剧本的写作，并给予修改意见。杜拉斯接受了那些建议，她知道对创作而言，这些意见是有好处的。对于剧本的创作，她还不是那么自信。直到影片开始拍摄，杜拉斯还在不断修改。

当电影公映的时候，玛格丽特·杜拉斯看到了她创作的故事，"认出"了她写的东西，这让她十分惊讶："我从来没有想到可以看见一幅精神图像！"她觉得这个剧本即便没有带给她巨大的财富，也应该完全属于她了。

就在这个时期，热拉尔·雅洛彻底离开了她，在她情意正浓的时候，他选择了离开。尽管一开始就知道会有这样的结果，但是杜拉斯还是很痛苦。这个视男人为儿戏的女人，也终于尝到了被抛弃的滋味。她终究高估了自己抵御痛苦的能力。

她身边的朋友们想尽办法为她排解，带她去聚会，带她去度假。一切都无济于事。她的状态糟糕透顶，她身边的每一个人没能分享她的快乐，但此时不得不分担她的痛苦。她不时地发脾气，就连她一向最宠爱的儿子乌达也深受其害。

杜拉斯本人很喜欢音乐，熟悉她的人都知道她很喜欢唱歌，所以她坚持让儿子乌达学习钢琴。然而乌达很叛逆，他故意不记住课程的内容，即使坐在钢琴前也不练习。杜拉斯便开始大发雷霆。看着儿子固执己见的神色，她体会到另一种失败，玛格丽特·杜拉斯拒绝失败。她罚自己的儿子坐在板凳上一动不能动，更不能离开。

不只是学钢琴，她疯了似的开始干预儿子的一举一动，乌达的不顺从，让母子俩随时开战，闹得家里鸡犬不宁。狄奥尼斯一筹莫展，不得不求助于朋友们。最后，在朋友们的建议下，杜拉斯终于同意把乌达送到一家寄宿制学校读书。这段经历，让乌达对自己的母亲有了很深的芥蒂，直到成年都不曾真正释怀。

乌达在家的时候，家里的战争就仅限于母子两个。乌达走后，杜拉斯攻击的矛头就转向了狄奥尼斯。因为狄奥尼斯与漂亮的索朗热夫人交往过密。杜拉斯在情感上是个女暴君。因为她风流成性，她便没有理由要求她的情人们对她专一。所以，当她的情人们有了新情人的时候，她虽然不能正面做出指责，但是对于她的"情人们"的女人，她非常不喜欢。

莫妮卡与杜拉斯曾经亲热过一段日子，但是当莫妮卡与罗贝尔结婚后，杜拉斯就不怎么喜欢莫妮卡了。这也是情理之中，没有一个女人会善待自己的情敌，何况是占有欲、嫉妒心都非常强烈的杜拉斯。

当狄奥尼斯有了新情人的时候，杜拉斯表现得非常激烈，狄奥尼斯不得不送她去接受精神分析的治疗。她对医生说,她时常会追问自己,写作的意义是什么?自己是否应该停止写作。医生听了她的话,直截了当地对她说:"你不必待在这里了,对您而言,解决这个问题的办法就是写作。"

从医生那里回来,杜拉斯开始写作《琴声如诉》。在这部书中,她描述了与热拉尔·雅洛的这段爱情经历,以及爱情离开后对她毁灭性的打击。出于对自己的一种保护,她删减了大量的情欲描写,只留下故事的框架,摒弃过去"讲故事"式的叙述,让整本书时刻处在开放之中。

这成为杜拉斯在写作上的转型之作,她找到了全新的视角来透视自己与作品的关联。在以前的写作中,她总在"正面"讲述自己,书中人物的状态就是杜拉斯写作时的状态。而这本书写作时,她在书中遁隐了。"我很清楚我在写作,但是我不清楚在写作的人是谁。"

以前,她很不在意自己书的风格,但是从《琴声如诉》开始,她关注自己的风格了,写作变得灵动而感性。事实证明,她成功了。《琴声如诉》首印50万册,被抢售一空,成为风靡世界的畅销书。

电影界的人希望能把这本书搬上银幕。杜拉斯力邀热拉尔·雅洛与自己一起创作剧本，以此间接地分享彼此的激情。然而雅洛并不是很感兴趣，只是敷衍了事，这让杜拉斯很失望。

电影《琴声如诉》还是取得了巨大的成功，在戛纳电影节获得了最佳女主角奖。但是杜拉斯自己不喜欢，她认为电影曲解了她的主题，没有很好地表现她的创作意图。

与《琴声如诉》相比，1961年的《长别离》更为成功。因为那时的雅洛得了心肌梗塞，不能吸烟、喝酒，更不能再与女人欢爱，所以他可以全神贯注地创作剧本，同时完成了很多年来他一直写的一本书。

然而，《长别离》发表后，雅洛又放荡起来，放荡的结果就是直接断送了自己的性命。他在与一个女模特欢爱的时候，心脏病发作猝死。也许，在他与杜拉斯决定用《长别离》这个题目时，一切就已经做好了伏笔。

第十三章
平静地生活

　　热拉尔·雅洛的去世，让杜拉斯伤心了一段时间，但是再深刻的痛苦都会被岁月抚平的，她似乎已经找到了治疗痛苦的方法。她在《夏夜十时半》中借助那个弃妇之口表达了自己的观点：与其看着爱情毁灭，不如重新寻找新的爱情。

　　经过那么多的爱情，那么多的男人，杜拉斯终于倦了，她不再期望男人们能给她带来什么，也不再寻找新的情人和激情。她太累了，她渴望得到一种安宁。正如她在《广岛之恋》中说的那样，"阳光不再照耀到任何人的身上，永远不会"。

热拉尔·雅洛让她看到了那种理想化的"不可能实现的爱情"的影子，却终究没有带给她想要的安宁。世上没有任何一个人的爱，能超越她对小哥哥的爱，而那样圣洁的爱，不再存在。

杜拉斯停止了所有的活动，不再参加任何聚会，不再去旅游，更不再期盼那些过客似的男人，她只是安静地守在自己的书桌旁，写作代替了一切。她所有经历过的故事与人物都不及自己在文字里塑造的人物真实生动。

杜拉斯不再需要任何人的陪伴，她所有的亲友都离她而去。因为他们都受不了她总是讲她自己和她的作品。她狂热地爱着自己的作品，无论谁与她讲话，都只能讲她的作品而不能讲别的什么，这让她的亲友们不胜其烦。

年近五旬的杜拉斯在看尽人世繁华之后，完全沦陷在自己的世界中了。她也有讨厌自己的时候，她会无端地觉得自己写得很差劲，写了这么多书，都在走别人的老路，没有找到一条全新的路来安置自己的思想。她觉得她应该另辟新径了。

唯有摧毁旧的堡垒，才能开创新的天地，她开始创作一本表现真正的寂寞的书。现在写作的时候，她身边不再有任何人打扰，也不会再有大量的家务来占用写作的时间。一个人生活的好处在写作上表现得很彻底。

随着年龄的增加，外部世界发生的一切都不能再引起她的兴趣：她在交趾支那生活了那么久，她知道贫穷是怎样的滋味；经历过战乱，她知道战争的残酷与无意义；经历过丰饶的情事，她知道欲望是怎么回事……还有什么事她没有经历过，体验过的呢？没有了，再也没有了，世上的一切在她眼里都是庸俗不堪。

她开始真正地回忆自己的过去，带着顽强和胆识，只有真正的认识了过去，才能从过去中脱离出来，才能创作真正的新生。

"我渴望一切重新开始，我要在我身后留下一道普通的生命轨迹。让我走得快一些，再快一些，在衰老来临之前，在我失去渴望之前。然而，我知道我已经不再有渴望。这是可怕的。做不到无法实现的事，我可以安慰自己；想不到无法实现的愿望，我安慰不了自己。太多的无奈让我过早地厌倦了。我骗不了自己。"

就在这时，她生活中发生了一件决定性的事件，她发现了一个地方：特鲁维尔，忙什海峡边的海水疗养站。

那里有海天相接的瑰丽景色，有一道道纹理般的环礁湖海滩，有海水退潮后的辽阔沙滩，有雄伟壮观的黑岩楼……这一切似乎都是交趾支那景色的翻版。特鲁维尔的一切都深深打动了她，成为她的希望之乡，回忆之乡。这是她的领地，是别人永远不能占领的领域。不管别人把这里叫作什么，她给它取了一个新名字：S·塔拉。

1963年，杜拉斯购买了特鲁维尔后面临街的一个小套间。室内摆设很简朴，重要的是富有"大海的意义"。尽管，在写字间写作的时候，她并不能看见大海。但是大海的咆哮声，让她身处在一种熟悉的环境里。

这一年的大部分时间，杜拉斯都在黑岩楼里疯狂地写作。《洛尔-V斯坦的劫持》《副领事》都创作于这一时期。

她的书写越来越有节奏感，行文也越来越类似于一段乐谱。她不再尝试讲述真实的生活经历，她的思绪被一种前所未有的激情所牵引，在时光的长廊中翩翩起舞。她自己也开始了迷失，分不清书里书外。

每当她坐在书桌前，开始写作的时候，窗台的阳光里总会站着一个十七岁的少女，对着她飘然起舞，她的舞姿与她的行文同一韵律。她放下笔，抬起手想与她打个招呼，却发现那个少女已经站着睡着了。她再用力揉揉眼睛，以分清是幻象还是真实，却又发现那个少女其实是没有呼吸的，只是一个没有灵魂的躯壳，一个只接受她文字操控的女精灵。

"洛尔……"她轻轻地叫她，她睁开眼睛冲着她狂笑不止。这个女疯子！杜拉斯的脑海里立即呈现出幼年时遇到的那个女疯子的面容，她不是幻象，她一直活在她的记忆里，从未离开。

如果说伊丽莎白·X是她精神世界里的女神，那么这个女疯子就是她潜意识里的"自我"，那些狂乱的，焦躁的，找不到出口的坏情绪，都是她的化身。

每个人都是天使与魔鬼的结合体，玛格丽特也不例外。伊丽莎白·X是她的"超我",是她希望自己能够成为的那个人,而女疯子是她的"本我",是她不能忽视,也无法忽视的黑暗的存在。

杜拉斯如果还活在世上,她应该是精神分析学领域里一个很好的范本。每个人的精神结构都非常复杂,而杜拉斯尤甚。

不知道读者朋友们里面有多少人会相信西方的星象学。按照星象学的说法,杜拉斯出生于4月4日,当属白羊座。如果认真分析的话,杜拉斯身上有很多白羊座的性格特点。

白羊座的人都非常英雄主义的,这一点在杜拉斯身上有着明显的体现。现代的年轻人没有经历过战争,自然无法亲身经历那种随时死亡的恐惧与一出门便是血腥的场景,但是通过许多的影像资料、影视剧,我们是可以想象那个场景的。

在那个兵荒马乱的时代,过了今天就不知道还有没有明天的时代,一个女人远离家人,在外谋生,何其不易。何况她还参加过国家的抵抗运动。她心里能不怕吗?想必也是怕的,但是她依旧没有退缩。她把自己的住所当作抵抗运动的指挥部,在当局大规模的搜捕中,她毅然保护被缉拿的战友们,这份勇敢是值得赞扬的。特别是后来为了解救罗贝尔,与那个法奸进行周旋,如果稍微胆小一点,她也做不到。乃至60年代的"五月风暴",杜拉斯一直身处在宣传阵地的前沿。

玛格丽特·杜拉斯是了不起的女斗士。她的勇敢、智慧让很多男人望尘莫及。就这么果敢的一个女人,其实有很好的性格,在抵抗运动时期,大家在她的客厅里高谈阔论,她热情地招呼每一个人,对没有去处的同事,提供食宿。在玛格丽特没有成为女作家"杜拉斯"的时候,她是一个很性感、和善的女人。如果一开始她就是那个神经兮兮的杜拉斯,估计她吸引不到那么多的男人喜欢她。

杜拉斯一生都保持着一种精神世界的单纯,这并不是说她无知,而是她始终抱有一颗"赤子之心",对别人真诚,对自己直率,她从来没有刻意隐瞒自己的缺点,相反,她如实地向世人呈现一个真实的她,坦率的她。一个人要想彻底地向这个世界开放是需要勇气的。当然,她也说谎,在不同的时期,她编织不同的谎言,但是最终她还是勇敢地摘下自己的面具,让人们直视她所有的珍藏与不堪。

现在,当她面对那个疯狂的自己,她开始为自己的另一种真实画像。为了让自己的影像更真实,更确切,她甚至把一个真正的女疯子接到自己家里,一边同她说话,一边观察她所有的举止。

《洛尔-V斯坦的劫持》出版后,引发出版社的热议,首先这是一部非常奇特的小说,从书名开始就浸透着某种隐晦和歧义。事实上,截至今天,国内法语界专业人士尚未就书名达成一致,有的译成《洛尔维斯坦茵的迷狂》,有的译成《劳拉维斯坦茵的沉醉》。这里的《洛尔-V斯坦的劫持》也是个无奈的选择。实际上,法文书名中,除去定冠词与连词之外,只有女主人公的父名较少疑问,"斯坦茵"是日耳曼语系中的姓氏,在杜拉斯的文学世界中,它常常与犹太姓相连。至于"洛尔-V",那是"劳拉瓦莱莉"的缩写,书中女主人公在发疯后就是这样自称并这样让人称呼她的。

最难定夺的是杜拉斯为什么选用一个多义词作为小说的题目。依杜拉斯本人的说法:"这本书应该叫作'劫持''诱拐',之所以用是想保留它的歧义"(《法兰西文学报》,1964年4月30日—5月6日)。然而,即便做出了"劫持"的选择,书名还是令人困惑:洛尔到底是劫持的主体还是被劫持的对象,也就是说,她是劫持者还是被人劫持?或许,这正是作者设置的诱饵,正如拉康所说"劫持者即杜拉斯本人",是我们读者被杜拉斯诱拐、劫持,中了魔一样被吸引到她的文本世界中,与她笔下的人物一起经受着某种痴迷、狂乱。

至于女主人公洛尔乃至整部小说的来历,据法国符号学家让·克罗德高概教授在《杜拉斯文本的符号学分析》中记载:"有一天,杜拉斯去一家治疗心理脆弱患者的医院。里面的男女通常是一些接受药物治疗的病人。她去的那一天,正好是一个节庆的日子,大家在举办庆新年的舞会。

进入舞厅的时候,病人们在跳舞,当然有些人病症严重得一眼就能让人看出他们是病人。在那些跳舞的病人中,有一位年轻的女人面容绝对平静。她的舞跳得非常好,只看她的舞姿,人们根本看不出她是一个精神病患者,可是,这是一个精神分裂症患者,而且病情非常严重。正是看到了这么一个人才使杜拉斯产生了写一部精神病人的书的灵感,后来就写出了《洛尔-V斯坦的劫持》。"(《话语符号学》,北京大学出版社,1997年)

作品问世后,书中的女主角洛尔还牵动了结构主义大师、心理学家雅克·拉康的神经,他还为此专门著有《向写了〈洛尔-V斯坦的劫持〉的杜拉斯致敬》(1965年)一文,开始了对这部小说的精神分析解读。

然而杜拉斯本人对拉康在"致敬"中所流露出的男权中心思想很不满,作品本身的女性人物、男性叙述者、女性作家写作方式及其所提出的问题,又使得对小说的女权主义批评形成不小的规模。可以说,是拉康的"致敬"使得《洛尔-V斯坦的劫持》受到了知识界先锋派、精神分析学家及女权批评家的广泛关注,从而激发了文学评论界对杜拉斯与《洛尔-V斯坦的劫持》的研究热情;又是拉康的盛名及其一以贯之、在"致敬"中丝毫不矫饰的专业术语与晦涩文体,吓跑了许多普通读者,使《洛尔-V斯坦的劫持》渐渐被公众视为难读、难懂的作品，杜拉斯本人也因而渐有了隐晦作家之名，直到1984年《情人》的成功才使她重新"通俗"。

尽管小说中洛尔的女友塔佳娜将洛尔的病因，归咎于洛尔少时就有的一些病态表现，如心不在焉、若有所失、心智不全等，拉康还是像书中叙述者雅克·霍德一样，更倾向于考察"舞会事件"本身。在拉康看来，构成场景即所谓"原始场景"的，是舞会中两个一见钟情的男女跳舞时的忘我与沉醉，众目睽睽之下洛尔成了被排队在外的第三者：一个女人突然出现，就"劫持"了她的未婚夫。整部小说可以说是这一场景的不断闪回与重现，它与另一个幻象中的场景一起不断缠绕着洛尔：她的未婚夫在他们去过的旅馆房间里"为另一个女人、一个不是她洛尔的女人脱下衣服"。洛尔走向了沉默与沉睡，十年一梦的婚姻生活，却在自己的家门口被另一对情人的亲吻唤醒。她走进这个二人世界，"劫持"了女友的情人，以欲望的主体身份重演了"原始场景"的三人剧。

只是，在拉康看来，这不能导致"治愈的事件"，新的三人剧更像是系了个更紧的打不开的结，洛尔沉溺于更深的欲望之中——"看"。她的"看"动摇着"我"的"我思"，分裂了认识的主体，"使叙事的声音变成了叙事的焦虑"，使叙述者、男主人公无所适从、不知所终。

正如拉康所说："这种三人的存在，是洛尔安排的。正是因为雅克·霍德的'我思'已过于接近病者的治疗。在小说结尾处他陪她一起朝拜圣地而不是让事件发生来缠绕着洛尔，洛尔才变疯了……小说的最后一句话将洛尔拉回到黑麦田，看来是一个不够果断的结尾，它让人猜想应对那种令人感动的理解有所提防。被理解不适合洛尔的劫持是不可救药的。"

拉康认为，杜拉斯创作了洛尔这一人物形象，就表明杜拉斯已经走在了精神分析学的前列，他应该向艺术家表示"敬意"："尽管玛格丽特·杜拉斯亲口告诉我说，她不知道在她所有的作品中洛尔来自何方，并且我自她其后的话中也能隐约看到这一点，但我认为一个精神分析学家有权采取的——或许不被如此认可的立场的唯一好处,便是继弗洛伊德之后与疯狂合为一体。"

杜拉斯并不对评论界的评论发表自己的看法,于她而言,洛尔就是她心底里的另一个自己。她并不存在于别人的评述中,只存在于自己的灵魂结构中。

作品完成后,她对洛尔这个人物依旧念念不忘,更多时候,她把自己当作洛尔,她想与她合二为一,为了更好地接近她的状态,她开始酗酒。喝醉之后,她就是洛尔了。杜拉斯在现实与虚幻中沉沦了。

当一个写作者完全沉浸在写作中,她健康的人格势必走向一种分裂。写作,让她把自己的人格分裂成无数个自我,这些个自我会分庭抗礼,互相绞杀,这也是很多艺术家或者写作者特立独行于世的心理原因。他们完全在自己的世界里游弋,外部世界只是自己活动的背景。

当写作成为杜拉斯的生命支柱,杜拉斯的生活也被写作劫持了。她能清晰地透视自己的精神状态,而无法治愈。一旦她发现自己写不出东西时,她便开始空虚、焦躁,放下写作的武器,她对潮水般涌来的孤独,无力抵抗。

唯有酗酒，唯有沉沦。然而酗酒却很快地残害她的身体健康，特别是在她一次次昏迷之后，她开始比较严肃地思考"死亡"的问题。

对于杜拉斯来说，死是始终被申明的。在眼眶里，在交流中，在享乐的时候，她会对朋友们莫名其妙地发火，甚至让朋友们杀死她。"你杀了我，你这是为我好。"

如果读过杜拉斯的作品，你就会发现：死亡和罪行游荡在她所有的小说、剧本、电影和访谈里。文字或者生命，写作或者死亡，对于所有只能超越世界才能承受它的人来说，这是共同的辩证法，很显然，杜拉斯属于这些人里走得最远的，因为她总要走向极端，从这种无生命出发，而这正是将文字神圣化的条件。

只有看透生死，才能活得清醒，活得自在。

第十四章
S·塔拉的音乐

远离尘世,杜拉斯把自己囚禁在S·塔拉,与文字为舞,与孤独做伴,她活得辛苦,但也活得自由。她越来越离不开酒精,就如先前她从来离不开男人,离不开性爱。酒精代替了男人,成为她新的伴侣。这实在是一个很好的伴侣,不会与她吵架,不会牵绊她的写作,不会干扰她的生活,还会让她亢奋,让她迷乱,满足她灵魂深处想要的一切欲求。

她喝得越来越多,越来越无法节制。每到一个地方，她问的第一句话总是"有酒吗？"如果有人给她几瓶，她就在那里坐下来，把桌上的酒瓶一个个喝空。她酒量很大，似乎怎么喝都喝不醉。当她醉意朦胧地看着你，她变得越发友善而温柔。而如果没有酒，她就会变得非常冷漠。

很快，喝酒的副作用展现出来，她的身体健康受到了极大的威胁。先是身材变得臃肿，苍老，继而双腿站立不稳，不扶着墙壁不能走路，后来肝硬化，最后到吐血。医生警告她："再不戒酒，你会死去。"

杜拉斯害怕了，开始戒酒。这是一件很痛苦的事，对她而言。以前，在写作的时候，她有一个小习惯，就是写成一章节，就喝一杯威士忌。现在决定戒酒了，就必须改掉这个习惯。她把书桌上的威士忌改成柠檬汁、薄荷汁，让各种各样的果汁代替酒精。她一次次地问朋友们："我戒酒能成功吗？"朋友们都鼓励她，但她自己好像很没信心。

她的确也没有做到。每次酒瘾上来，她都自我安慰地说："只一小杯，一小杯，没事的。"但是往往端起酒杯就一发不可收拾。她始终没有把酒瘾戒掉，好在没有影响写作，书依旧一本本出版。

因为酒精对她身体的毁坏，使她对酒精心怀恐惧。她戒不掉，也不敢过分依赖。她又陷入了进退两难的境地。于是她的性情变得非常古怪，朋友们都说：她疯了。她却说，疯子是什么，是一个永远无法适应自己生活的人。而在她眼中，她的生活，却是"一个被漫不经心地咬了一口的果实，不假思索，也无心品味。活到这个年纪，长成这个样子，都不是我的责任。在他人眼里，这就是我的生活。我欣然接受，因为我别无选择。"

她不需要任何人的认同与理解，她在自己身边建筑了一个堡垒，别人进不去，她也出不来。她也不想出来，"现实中没有什么东西是真实的"。她在她所有的作品里打转，研究每一部书的结构，研究每一部正在写作的书与作者之间的联系。她在自己的书中寻找自己的位置。

她对自己的书拥有决定权，但最后她发现自己竟然无法控制自己所写的东西了，甚至越来越不理解自己。写作能让意志自由活动，这活动的频率就像一段神秘的音乐贯彻在她写作的过程中。"当某种音乐出现时，我知道写作有了进展；当音乐停止时，我也停下了笔。当它又重新开始，我也重新提笔。"

每部书写完，她总是反复阅读，反复修改，在不断地阅读与修改中，让作品精益求精。让未经修改的书出版，她认为那是"粗制滥造"。她一遍遍地阅读、修改，直到出版商把稿子从她手里夺取打印出来为止。即便是出版了的书，她也会一次次地重写，她好像总是写不完一部书。所以她的一本书，会有好多个版本一点也不奇怪。

有时候，她也会故作谦虚地问与自己谈话的人："您看过我的新书吗？您喜欢吗？更确切地说，您认为怎么样？您觉得它不难理解是吗？"每当她这么问的时候，如果你认为她是真的谦虚，如实地告诉她，是的，你的书很难理解。那么她就会大为光火。实际上，一直到1984年，她的书都只是在一个很窄小的范围里受到欢迎。大多数读者并不能真正读懂她。

面对大多数人的否定、不理解，杜拉斯很恼火，但是批评并没有改变她的信心，她始终相信自己的价值："所写的都是正确的，至于是不是我写的，并不重要。"

她越来越自恋。在她的意识里,她是世上最美丽的女人,拥有世上最好的东西。她狂妄自大,甚至到了荒谬可笑的地步。这让她很多的朋友难以忍受,最终都远远地避开她。就连一向绅士的罗贝尔·安泰尔姆都怒不可遏地指责她是"沙约宫"里的女疯子,并与她彻底决裂。

杜拉斯终于成了除了写作一无所有的女疯子。

1968年3月22日巴黎农泰尔文学院学生集会,抗议政府逮捕为反对越南战争向美国在巴黎的产业投掷炸弹的学生。此后,学生抗议活动迭起,至5月初发展为高潮。史称"五月风暴"。

5月3日,学生再次集会,警察进行干预,导致流血冲突,数百人受伤,600名学生被捕。法国许多省市的学生纷纷起来支持巴黎的学生运动。他们占领大楼,筑起街垒,展开巷战。5月12日巴黎大学学生占领了学校,并成立行动委员会。此后,政府强行关闭各大学。5月13日法国总工会号召全国工人罢工支持学生,千百万工人群众加入运动。首先是巴黎80万工人举行大罢工,接着罢工浪潮席卷整个法国。数百万罢工工人占领了300多个重要的工厂、矿山,扣留经理等资方人员,致使全国的铁路、空中、海上的交通中断,生产、通讯全部陷于停顿,整个法国的经济生活处于混乱状态。

杜拉斯参加了这次运动,并快速创作了几部活报剧:《苏珊娜·安德莱》《也许、是的》《沙嘎》《一个男人来看我》,这些剧本都表明她是一个接近幻想的作家。她的作品不仅体现了实验阶段的革命精神,也刻画出其轨迹。

这一年里,杜拉斯停止了写作,投身政治运动。她声称自己依旧相信共产主义,她怀着高度的热情重新投身于轰轰烈烈的运动中,成为左派颂扬者的大旗。她重新与圣伯努瓦团体的成员取得联系,成立了大学生与作家行动委员会。

对于她对政治运动的热情,狄奥尼斯觉得很是好笑。罗贝尔虽然对运动很感兴趣,但却不认为会有什么前途,更怕遭受牵连。只有杜拉斯的立场坚定,态度鲜明。她拒绝与戴高乐政权下的文化机构合作,主张文化应该始终保持一种独立性。

文化"不需要什么权威的讲话,没有路线,在这里,没有什么等级。这里,就是无秩序。"玛格丽特·杜拉斯旗帜鲜明地表现自己的立场,她认为这场革命的影响会长期地改善法国,于是她暂时放弃了自己的写作,在集体运动中发出自己的声音。

这个时期,剧院成为政治艺术家们文化反抗的大舞台。从1955年开始,杜拉斯有些文章就是为了适应舞台演出创作的。在此之前,她对剧本创作兴趣不高,把自己的作品交给别人编演,这是她绝对不能忍受的。对自己的作品,她要有绝对性的权威。

第一次,让她改变对戏剧的看法,是在1965年根据她的作品《森林中的日日夜夜》改编的剧目上演时,女演员玛德莱娜·雷诺的出色表演,让杜拉斯大受震动。杜拉斯看着舞台上的玛德莱娜·雷诺,玛丽·勒格朗好像在这位女演员身上复活了,这让杜拉斯对这位女演员赞叹不已。她也意识到戏剧创作如果能把文字作品想表达的内容通过具体的影像表现出来,为什么不尝试一下呢?对于杜拉斯而言,创作剧本就是要恢复作者至高无上的地位,而不是导演或者演员。

通过对传统戏剧的一些分析,杜拉斯清晰地认识到舞台剧的不成功之处,她要创作另一种新戏剧,目的是使作品的主题更加鲜明突出,让布景、舞台手段和台词的表演向更加简练的方向发展。

她邀请克洛德·雷吉按照她的思路把她的作品《英国情人》搬上舞台。当时的雷吉因为导演了《情人》《收藏》这两个戏剧而名声大噪。然而,这位有名的导演对于杜拉斯的邀请并不感兴趣。但是当他看到杜拉斯新写的剧本时,很是满意,这种"声音的戏剧"的新形式,对他有一定的吸引力。最终,他答应了。通过雷吉的斡旋,当时最出色的剧院——奥德翁剧院欢迎他们在那里上演该剧。

万事俱备,一切向着杜拉斯追求的境界行进。新剧在舞台表演形式、舞台布景上做了很多改变,演员的肢体动作和手势被大量简化,只有台词、音乐来推动剧情发展。她认为戏剧是文学的一部分,当戏剧面对文学时,有一定的缺陷,而她所有的努力就是弥补这些缺陷。

戏剧的排练并不是一帆风顺的。首先演员们对于杜拉斯编写的台词，不能深切地理解，只是按照她的要求被动地去做，所有的演员似乎都成了杜拉斯手里的牵线木偶，但杜拉斯对他们的言听计从很是满意。

每次听到杜拉斯赞扬他们敬业，演员们都一头雾水，他们甚至不知道自己到底表达了什么。另一个很让他们头疼的是杜拉斯的台词总是变来变去，刚准备好台词，一会儿就又被杜拉斯推翻。许多合作的演员，都被杜拉斯指挥得晕头转向。

同时，杜拉斯与导演雷吉之间也是矛盾重重，他们经常因为对某一个片段的意见不同而吵吵闹闹。杜拉斯命令演员们按照她的要求表演，雷吉则要求演员们听他的。到底听谁的？两位导演的意见似乎永远无法取得一致。

当雷吉受不了杜拉斯的指指点点时，他干脆大声说："听着，玛格丽特，既然你对如何演戏有如此把握，为什么你不自己做导演呢？好吧，你自己去导演吧。"后来，杜拉斯真的自己做了导演，不过那是1983年的事了。

1968年5月24日,在国外访问的法国总统戴高乐匆忙赶回巴黎,发表电视演说,呼吁全国恢复秩序,许诺起草改革计划,提供公民投票裁决。5月27日,法国总工会与政府达成复工协议。5月30日戴高乐发表讲演,宣布解散议会,重新举行全国选举。由此,各地风潮趋于平静。

当许多人放弃行动的时候,杜拉斯依旧顽固地坚持着,她努力使这种决裂变得现实而彻底。她大声呼喊:"除了拒绝,我们与你们毫无共同之处。我们在阶级社会里迷路了,仍然生活着,虽然我们不能被纳入某一个阶级,但我们不会被政府收买,我们拒绝。"她抓住一切机会,表达自己的政治主张。

然而,6月下旬戴高乐派在选举中赢得大多数席位。大学生作家委员会内部也分崩离析。政治干预、党派斗争种种纷扰,让她心神困顿,她不得不再次逃回特鲁维尔,再也不抛头露面,对她来说,一切都结束了。

对于这个时期,杜拉斯充满仇恨。除了一部分奉承她的年轻人外,她几乎得罪了所有的人。左派指责她的高傲,右派则攻击她为了贪恋钱财,借助运动大发私财……

如果说，这个时期还有让杜拉斯感到欣慰的事，就是《毁灭吧，她说》的出版，这部书在一群叛逆的年轻人中成为一部里程碑式的作品。

《毁灭吧，她说》说的是政治，是毁灭，内容则是两男两女的爱情四重奏。马克斯·托尔和斯坦因都是阿丽莎的情人，两个男人又都喜欢上伊丽莎白·阿里奥纳。他们互不嫉妒，却嫉妒伊丽莎白和阿丽莎两个女人待在一起。背景空茫无为，人物笼罩在浓雾里，陷入模棱两可和纠缠不清的关系中，都在笨拙地挣扎着，试图继续活下去。杜拉斯说："我相信必须毁灭，我要大家把一切标志、一切好奇都毁灭在一片无知与愚昧的汪洋大海中。"她认为作家应该是毁灭资产阶级社会和陈规陋习的催化剂。

作品在年轻群体里疯传，这个身高只有1.50米，却极富胆识的女人成为年轻人的偶像。很多大学、青年中心邀请她去演讲，生活在年轻人群体里，杜拉斯大受鼓舞。她觉得应该把这部作品搬上银幕。

既然她不能忍受别人把自己的作品改编得一塌糊

涂，为什么不自己去拍电影呢？杜拉斯一向是敢说敢做的女人，想法一旦产生，就不再犹豫。在1966年的时候，她已经有了一些拍电影的经验。于是，她向国家电影中心提出补贴申请，只是抱着试试看的态度。她想：给我钱，我就拍，不给就不拍。结果她得到了一些钱。拿到钱的十四天后，她开始拍摄《毁灭吧，她说》。

电影拍完后，在国内放映，杜拉斯遭到猛烈的抨击。但杜拉斯却不以为然。她认为自己拍这部电影只是为了青年人，至于其他人如何评价，她并不在意。

虽然《毁灭吧，她说》在法国遭到冷遇，但在美国与英国却受到了热烈的欢迎。影片结束时，公众，应该说是大部分年轻人站立起来，热烈呼喊："太好了，这才是应该建成的世界，这才是应该想象的世界。"这让杜拉斯倍感欣慰，她说，这部电影在法国受到冷遇，只是因为法国右派在诋毁她。

杜拉斯在国外得到了广泛的赞誉，在柏林、纽约、伦敦、多伦多的许多报纸杂志上独占鳌头。她成为左派资产阶级的动力、激情和官方塑像。国际上的赞誉，与国内的冷遇形成了剧烈的反差，这让杜拉斯再次对自己的身份产生质疑。许多年来,她一直努力融入法国的社会,但最终她都没有找到那种归属感。

二次大战,曾经激发起她的民族情感,而"五月风暴"却使她产生了世界大同的团结思想。但她也意识到"有活力的东西都是活在地下的",无论是在这里还是别处,一切革命都是不可能的。这个世界是虚假的,令人窒息的,她累了,她想沉默了。

她躲开尘世的一切,重新逃回了特鲁维尔,开始写作《爱情》。她不再接受任何采访,不再发表任何过激的言论,不再制造丑闻,不再做任何荒唐的事,玛格丽特·杜拉斯此后将专注于艺术家的语言。

第十五章
与电影同行

《爱情》的出版,让杜拉斯的创作达到了高峰。写作于她开始变得极为严肃,为了作品的质量,她想她应该少写一些。

70年代的法国,电影产业兴起,很多人已经不习惯阅读。也许,文学要转向电影发展了。

她是这么想的,也是这么做的。在未来十年中,玛格丽特·杜拉斯一共拍了十七部电影。成为电影界风向标式的人物。无论做什么事,她总希望自己能做到最好。每次电影拍完后,她才出版电影的剧本。

据与杜拉斯合作过的朋友们介绍,杜拉斯工作起来很有电影人的味道。她带着天真和权威,以全新的视觉从事电影事业。她不懂拍摄技术,剪辑台的工作也让她无能为力;她从不敢碰触胶片,她怕自己会弄断它;她也不会用摄像机……但是她的一些执拗的想法却常常促使剧组创新。她以自己的实际行动向世人证明:世上没有什么事是她玛格丽特·杜拉斯做不到的。

她素来不按规矩出牌,她不要一般的图像,她喜欢融汇在非常阴暗里或者非常明亮中的图像。摄影师说:"玛格丽特,如果这样做,人们会什么也看不见的。"但是她依然故我。"就这样做。"她经常有她的道理。

拍电影的时候,她会起得很早,一般五六点钟就起床。什么都无须准备,直接到拍摄现场,拍什么一切都临场发挥。于此,她非常有耐心。恶劣的天气、昏厥、意外事故……她能从身边发生的一切事物中提取她所需要的影像素材。

有一次,下雨了,剧组无法拍摄。她就让人到花园里、树叶上、石板小路上录雨滴的声音。这些声音放进电影里产生的效果，比花巨款的电影制造更有说服力。她无比自豪地说："这是只有女人才能想到的事情。"

对于外景地的选取，她也有自己的独特办法。她说，只要懂得看和听，到处都可以取景。在法国的景象里，她能搜寻到她想拍摄的一切景色。"应该让世界服从自我"，她甚至能在巴黎拍出亚洲景色。她颇具影响的电影作品《印度之歌》，就是在巴黎第十六区拍摄的。

《印度之歌》里需要一个法国驻加尔各答大使馆的场景。杜拉斯就把外景地设在罗特希尔德废弃的住宅里，在这片废墟上重建殖民地的一切：被人遗忘的公园、破败不堪的门面。在安娜·玛丽·斯特莱泰举行招待会的那个场景里，只有必不可少的几个道具，几个人物，几件物品，一架钢琴。宾客们无须露面，只添加他们的声音就够了。一切都得以重现，远离上流社会的晚会，谁能说那不是印度？

杜拉斯就这样以她的方式拍摄电影，她的作品将是电影艺术的新标志。也许，还未形成流派，但是她和电影却结成了一种极富个性的、挑战性的关系，这种关系说白了就是杜拉斯与电影艺术之间的一场决斗。杜拉斯并不期待公众的裁决,她的胜利绝不仅限于此。

《印度之歌》公映,成为一部"受人崇拜的电影"。该片在1975年5月的戛纳电影节上获得法国电影艺术奖和评论奖。6月在巴黎和欧洲几个国家上映。同年11月14日,杜拉斯在康城介绍该片时遇见了雅恩·安德烈亚。

1976年,该片荣获法兰西电影学院颁发的水晶星奖。这也是杜拉斯最初最希望看到的一部电影,有着独特的杜拉斯风格。

在她看来,文章既然可以绝妙无比,影片也应该如此。拍摄《印度之歌》的时候,用在处理声音上的时间远远超过画面处理。那时候,杜拉斯到处录制声音:教堂、走廊、公寓、人声嘈杂的闹市……

从童年开始,玛格丽特对外部的声音就十分敏感,无论是街道、餐厅还是咖啡馆里偶尔传出的谈话声都会引起她的注意。在巴黎,为了听到各种声音,她会经常敞开套间的窗户。在影片《印度之歌》里,嘈杂的声音,一再被清晰的声音打断,有时候是笑声,有时候是断断续续的对话，有时候是海浪声、鸟叫声，这一切声音无不传达着一个信息：在亚洲。画外音就出现在这种混乱的夜晚……

还有影片中的音乐，每次想起影片中的音乐，杜拉斯就能想起太平洋或者是印度洋中央大客轮上每晚举行的晚会。

那音乐，那场景，就像她十七岁那年离开交趾支那时，在大客轮上客厅里度过的那个夜晚。现在这段音乐也成了孩子们钢琴课上的必练曲目。

对于演员的表演，杜拉斯也有许多奇怪的要求。在拍摄现场，很多时候，人们不明白这位导演作家想要表达什么。但是他们听她讲，跟随她，看她做事情。有时候，她也不知道自己该做什么，在做出决定之前，她会犹豫很长时间。人们就那么看着她，等着她从沉思里醒过来，然后等待她的指挥。

杜拉斯不是一个喜欢"大声训斥人"的领导，也不会当面让人出丑，任务总是很和蔼地分配下去。有时候，她自己会莫名其妙地笑起来，和她一起拍电影什么情况都可能会出现，但是不会紧张，不会忙碌。杜拉斯在指挥别人的时候，脑子里也在不停地创作，当她沉浸在自己的构思中时，会忘记摄像机的运转，她从来不以金钱计算拍摄的时间，这是她与其他导演最大的不同。

杜拉斯喜欢闲置的演员，需要他们在银幕上补充画面。她想拍摄的是一个被摧毁的世界。所以，他们无须创作，也无须揣摩人物心理，对于他们表现的角色，他们只是暂时的支撑物。银幕上的他们不被观众所评论，观众们只评论杜拉斯想要讲述的故事。他们并不能决定故事的走向。决定故事走向的只有杜拉斯。她对他们说："不要装模作样，千万别那样，一秒钟也不要那样。演员最大的秘密就是毫不在乎。"

对于饰演女主角的德尔菲娜·赛里格，杜拉斯十分满意。从某种意义上来说，没有德尔菲娜·赛里格的出色表演，《印度之歌》就不会取得这么辉煌的成就。她的气质，总让玛格丽特想起在交趾支那认识的那个白人贵妇伊丽莎白·X。

有一次，德尔菲娜·赛里格染发出了问题，她的头发几乎全被染成红色，杜拉斯看见后却说："你是红发疯子。"想象着，她也一定可以饰演安娜·玛丽·斯特莱泰。她按着杜拉斯的戏路表演，并且得到了杜拉斯的认同。

看到德尔菲娜在银幕上的表演，杜拉斯忽然有了新的发现，现在是女演员的表演成就了这部电影，那么如果没有女演员出场呢？这部电影会怎样？为了回答自己的疑问，几个月之后，杜拉斯带着一支精练的剧组再次回到了《印度之歌》的拍摄地——罗斯特希尔旅馆的废墟。杜拉斯裹着皮大衣，在接近零下六摄氏度的天气里，拍了一个星期的新画面。

这次没有任何演员的出演，只有画面与声音。挂着破地毯的墙壁、倒塌的壁炉、布满裂痕的玻璃、生锈的阳台栏杆、落到地上的玻璃片……再近一些是残垣断壁、长满苔藓的石板、闪闪发光的水坑，给人以空中拍摄的感觉。风景，越南。这个被摧毁的地方充满了玛格丽特的回忆。《在荒凉的加尔各答他的威尼斯号》就此诞生。

她赢得了最后的胜利。没有演员的表演，依然是电影艺术。杜拉斯欢呼道："对我而言，这就是我为电影艺术所做的努力，从来没有人这样做过。"影片没有演员,没有台词,依旧被公演,这让她欣喜若狂。

"画面更有表现力。"当画面能表达情绪,那它就比文字更有优势。她意识到她进入电影界,正是为了"破坏剧本正在进行的创作"。她的目标就是画面。她说:"我与电影的关系就是扼杀关系。"此后,杜拉斯的每一部电影都是前一部电影的破坏。

破坏,总是破坏。杜拉斯的艺术宗旨就是精心创造她即将毁灭的一切。于此,她说:"我就是这么不合时宜,我就是这样度过一生。但是,如果你在自我重复中度过一生,你将一事无成。如果事先认识到不足,加以纠正,也将一事无成。不是走老路,是在此基础上有所建树。"

1977年1月,杜拉斯准备拍摄《卡车》。《卡车》是杜拉斯的电影。只有杜拉斯,才能拍出这样一部奇怪的影片。自始至终,观众从银幕上只能看到一辆行驶的卡车,一辆不断穿过风景的、蓝色带拖车的卡车。卡车里发生的一切,有关驾驶员,有关搭车女人。他们对话,他们沉默,他们想象,他们相互打量,甚至他们可能中途下车、用餐,他们之间什么都不发生或者突然发生一点爱情——所有的存在，所有的可能，都出自杜拉斯之口。她在暗室里，跟男演员热拉尔·德帕尔迪——这是电影《卡车》的另一个组成部分——两个人谈论剧本，探索，猜测，由文字替代影像，让观众明白杜拉斯想让他们明白的——地理环境，世界末日，死亡，孤独，还有其他。

《卡车》是一部政治电影：一个是采取行动的反抗者，一个是放弃反抗的女人。杜拉斯曾经被说服亲自饰演女主角。她如此描述这个女流浪者：矮小、头发灰白，平庸，但气质中却有一种不引人注目的高贵。这正是她自己。在所有的作品中，这是她第一次也是唯一的一次，主人公是自己的真实写照。她说："这个女人，原型也许就是我，我希望当这种人。"

和《卡车》的女主角一样，杜拉斯认为自己是一个没有面孔、没有国籍、没有身份，只有荒唐的想法和荒谬的行为的女人。一个既不知道自己是谁，也不知道自己身在何方的女人。但是如果人们也如此认为，她就会坚决否认。她认为自己是一个心怀悲悯的人，与大家口中的上帝很贴近。

但是这部电影如何拍呢？如何在影片中重现这个松散旅程中的一切？杜拉斯辗转难眠，然后，她突发奇想，不拍电影了，就拍自己描述自己的过去。饰演卡车司机的热拉尔·德帕尔迪后来谈起这部电影的拍摄过程，还觉得深有趣味。

无需任何准备，他就直接进入了自己的角色，在日光灯的照射下，他进入了一个拉紧窗帘的房间里，杜拉斯让他上车，进入了这场旅程。

热拉尔的混乱，让杜拉斯很满意。她完全打破了专业演员的表演模式。他不需要排练，也不用揣摩人物心理，只要按着现在的情况，如实地反应。对于女导演来说，她要的就是这种感觉。

与杜拉斯同行不是一件很轻松的事。她总是不经意地加大难度。一切都没有设定，只是临场发挥。她有时候喃喃自语，有时候闭口不语。热拉尔·德帕尔迪疑惑地看着她，等待她继续讲述，还是开始新的话题？他的疑惑让杜拉斯很开心，她很喜欢这样的时刻，演员丢失了自我，就是最自然的表演。

后来，热拉尔·德帕尔迪谈起这部电影说："我很高兴爱上玛格丽特,就像在《卡车》中爱上她一样。她比我更随便,而且更富有人情味。她有一种魅力,一旦入迷,让人感觉到无穷的乐趣。能拿演员怎样呢?我费了好大的劲儿才对玛格丽特说出这样的话,一种心跳,一种信念,只能如此。"

这部影片比以前的片子都短,杜拉斯担心不被人们接受。两个小时如此生硬的交谈,公众受得了吗?然而这部片子又让她惊喜。"这部片子会打消人们继续拍电影的念头"。影片公映后,围绕杜拉斯电影的争议达到了白热化程度。然而,这已经与杜拉斯无关,她想做的事已经做完了。

她可以就此打住了。

1978年,她开始写作《黑夜号轮船》。《黑夜号轮船》讲述两个并不相识的年轻人在黑夜里无休无止地通过电话诉说爱情的故事,那热烈的思慕、不安的期待和痛苦难捺的情欲使两个情人疯狂,然而他们拒绝在痛苦中实现欲望,又拒绝让纯朴的爱情占据。作者把缺憾和欲望混合在一起,使"黑夜号轮船"成了一艘载着性的诱惑在夜间航行的幽灵之船。

如果有心梳理下思路，这部书中已经隐约有了雅恩·安德烈亚的影子。那个电话那端的男人，那些零零散散寄来的信笺，杜拉斯没有丢弃，而是一直收藏。

第十六章
雅恩·安德烈亚

无论是巴黎还是黑岩楼，都不曾给杜拉斯家的感觉，只有诺弗勒让她感觉到安宁。在那个陈旧的庄园里，紧靠一片清澈的水湾，四周是玫瑰盛开的花园，树林的边缘还有一个公园。公园里有一个巨大的鸟笼，四周树上都是鸟，还有灌木与藤草。

杜拉斯对这里的一切了如指掌。室外的植物，她都确切地知道其位置。还有埋在地下的儿童玩具、弹珠，打碎的碗碟，促使她去搜寻过去主人在这里住过的痕迹。

现在她住在这里了,她也将自己的故事留在这里,尽管她拥有这座房产,但她只是短暂的主人。"房子好像属于我,我为它付了钱,它应该属于我。但是,实际上,房子不属于我。它属于时间……这是一个根据各种意义来解释的场所。人们在这里养女人和孩子,存放金钱。"

杜拉斯带着她的黑猫拉莫纳独自住在这里。她只爱她的猫,不欢迎别的猫。作为这里的女主人,她很擅长家庭生活的各个方面。她十分喜欢做饭,"做饭是能代替写作的好东西"。她会十分认真地熬汤。慢慢地挑拣蔬菜,慢慢煮,她做的韭葱汤非常好,她还公布汤的烹调方法与配料。

在诺弗勒,杜拉斯很有兴致地做家务,没有喘息的时间。她从母亲那里继承了管家的兴趣与习惯。如何勤俭持家,她做得很好,东西坏了,从来不是买新的,都是修理。她时常让朋友们把穿坏的衣服拿来,让她修剪。她喜欢整理衣物,特别是衣柜和看不到的地方,她更加操心。她注意整洁,甚至超过了对智力的重视程度。

有条不紊的好处在于能确保什么都不缺。杜拉斯知道厨房里有什么东西,这是对昔日家境艰难的恐惧留下的后遗症。"在生命的航程中,我仍在寻找自给自足的航船。"

杜拉斯在巴黎住了很久,但是巴黎从来没有给她家的感觉,她也从来没有费心地布置过,装饰过。只有诺弗勒,让杜拉斯有了一种归属感。

这里在她之前已经有了九代女人生活过,现在轮到她了。她坐在窗前,想象着先前的那些女人曾经在这里做过什么,说过什么。抚摸着那窗棂,她似乎都能感觉到那种生命的活力。卷入女权主义思潮后的杜拉斯,变得极其顽固,直至走向极端。

在诺弗勒,杜拉斯以文字为武器,为女权运动摇旗呐喊,时时刻刻吹起性别战争的号角。在与男性的战争中,杜拉斯从来都是女霸王,她总有办法让男人屈从于她。任何男性对手都无法掌控她,那些自以为能用暴力征服她的男人最后在她的大喊大叫里败下阵来。她就有一种能力,让所有的男性在她面前低下头来。

杜拉斯喜欢与女人聊天，总觉得她们需要同情。只有她们与孩子待在一起的情景，让她觉得温馨。对于男人，她无法忍受。她认为对付男人的方法就是必须非常非常爱他们，否则他们会变得令人难以忍受。

曾经有段时间，她甚至想在性生活方面对女人产生欲望。但是后来她失败了，这种同性之爱，只能动之以情，却不能激发身体的欲望。

六十六岁的杜拉斯开始一生中最孤独的一段时光。也许，还不是最孤独的，冥冥之中，还有一个男人若即若离的相伴。那是由一堆信笺堆积起来的一个男人形象，一个她在康城遇到的年轻学生，一个一直在文字里对她倾诉衷肠的男人。

对于雅恩·安德烈亚，杜拉斯一开始选择了忽略。她是高高在上的女帝王，裙下粉丝无数，每次她出席大学的演讲，身边总挤满了崇拜她的学生。给她主动写信的读者就更多了。雅恩·安德烈亚的信在众多信笺中显得微不足道。

让他的信在所有信笺中脱颖而出的，唯有坚持。一年，两年，三年，更多年……

1980年，雅恩·安德烈亚的坚持终于得到了女神的眷顾，杜拉斯寄给他一本《坐在走廊里的男人》。雅恩·安德烈亚欣喜若狂，但看完小说，他迷惘了。他第一次发现：自己竟然没有看懂她的作品。

这太意外了。他曾经读过她所有的作品，他发誓，那些作品，他都看得懂，现在这个是怎么回事？是自己变得愚蠢了，还是杜拉斯不再是自己所能理解的杜拉斯？以前，每次看完她的新作，他都会写信告诉她，自己的想法，自己的理解，而这部小说，她到底想说什么呢？

雅恩·安德烈亚每天都在琢磨这个关于性的故事有什么寓意。但他很无力，他知道杜拉斯在等着他的回信，而他不想欺骗她。他没有回信给她，并就此停止了与她通信。很久没有雅恩的回信，杜拉斯又给他寄来一本，并在书中附了几个字：我想你没有收到第一本。您又换了地址。

雅恩·安德烈亚看着杜拉斯的书信，心里非常矛盾，依旧没有给她回信。对于雅恩的失联，杜拉斯显得莫名其妙，这个男人一直坚持写信给她，四五年里没有中断，信笺密集时，一天四五封，有时候是对她作品的想法，有时候只是单纯的问候，有时候是一首随手拈来的小诗……她已经习惯了阅读他的来信，习惯他若即若离的陪伴。现在是怎么回事？

她相继又给他寄去了几本书：《黑夜号轮船》《奥莱丽亚·斯坦纳》和《否决之手》。她每有新作，一定第一个寄给他，希望收到他的回信。

当雅恩·安德烈亚收到《黑夜号轮船》时，喜欢极了，他读出了杜拉斯对他的思念与爱恋。他确信书里有他的影子。他终于打动了她的心，在她的世界里抢占了一席之地。电影公映时，他立即跑去巴黎巴比伦路的宝塔电影院看《黑夜号轮船》。他想，她会在那里出现，他一定会见到。

在路上，他一次次设想再次见到她会是怎样的情景，他会毫不犹豫地跑过去，拥抱她，告诉她，他就是雅恩·安德烈亚，五年来，那个一直坚持给她写信的男人，那个在康城时，被她忽略的男人。

他下了火车，直奔电影院，等着电影开始，又等着电影结束，等着杜拉斯出来与观众座谈，等着预想中的每一个场景——真实出现。然而，她没有出现。

雅恩·安德烈亚不死心，他在每一个电影院、剧院门前游荡，在每一个杜拉斯可能出现的地方游荡，甚至还去了她的住处：圣伯努瓦路五号。那个他无数封信件轻易抵达的地方，他却没有勇气去推开那扇门。

雅恩知道，她就在那个套间里，现在他与那个套间近在咫尺，他渴望见到她，心里又害怕见到她，如果真的见到她，该怎么办呢？说什么好呢？他一直是那么腼腆的男子。

最终，他什么也没有见到，怀揣着几张《黑夜号轮船》的电影票回到了康城。

日子依旧在固有的河道中流淌，他依旧是一个穷学生，她还是可望不可即的女王。他们之间还是通过书信传递彼此的挂念与消息。

雅恩·安德烈亚告诉杜拉斯，他看过《黑夜号轮船》了，无论是小说还是电影，他非常喜欢，他还特地去了一趟巴黎，希望在剧院遇到她，然而她没有去。他很失望，他伤心至极。很快，他就收到了杜拉斯的回信："我病了，现在好多了，都是酒闹的，我好多了，我刚刚写完了《奥莱丽亚·斯坦纳》的电影剧本,我想其中有一段是为您而写的。"

她说她为他写了文字,他很感动,也很开心,虽然她没有说是哪一段,也没有说是"巴黎的奥莱丽亚"还是"温哥华的奥莱丽亚"。但是雅恩确信,只要剧本出来,他就一定能读得出。

间隔一天,她又来信了,说:"我为您写了《奥莱丽亚·斯坦纳》这部东西。我并不认识您,我读了您所有的信,我都留着呢!我好多了,我停止了喝酒。我要做这么一件事:拍电影。我将不那么孤独。"

她读过他所有的信,并且一直保留。这让雅恩·安德烈亚非常惊喜。他分明感觉到自己越来越接近自己的爱人。他确信是爱人,而杜拉斯的这封信是对他多年爱恋的回音。雅恩·安德烈亚几乎要疯掉了。

杜拉斯爱着他,现在她病了,那么他该怎么做?她需要他的陪伴,她没有明白地说出她的孤独,她的孤独却让他心痛。

雅恩又开始给杜拉斯写信了,一天好几封。贝内迪克特已经不来套间,帕特里克也很少回来,套间里只剩下了雅恩一个人，他有充分的时间来阅读杜拉斯，给杜拉斯写信。有几个晚上，他都通宵打字写文章。他给杜拉斯写了一首美丽的小诗：《美丽的痛苦》，向她倾诉相思。

如果贝内迪克特没有赶他走，如果离开那个套间，他还有处可去，生活还会在固有的轨道上运行下去，然而人生没有假设。贝内迪克特来了，告诉雅恩必须离开这里，她的兄弟要来康城，学医，要住在这里，住在他现在住的房间里。

不得已，雅恩·安德烈亚开始收拾自己的行囊，移居别处。对于一个哲学系的学生来讲，毕业即失业，他没有能力养活自己，他感觉到自己被世界遗弃了。除了随身带的一个铁箱之外，铁箱里面装着几本书，他一无所有。

他给杜拉斯写信，告诉她，自己搬家了，不在原来的套间住了。很快他就收到杜拉斯的回信，她什么也没有说，只告诉了他一个电话号码。当时，她在特鲁维尔。拿着杜拉斯的号码，雅恩·安德烈亚有些不知所措。他甚至已经没有多余的钱去给她打电话。如果他把电话打过去，她一定会与他讲很长时间，一定是的。但他不想让她知道自己的窘迫。

他忍住给她打电话的欲望，但那一串数字就像着魔似的牵引着他，让他坐卧不安。就像现在他安静地守在她的病床前，心里却忐忑不安一样。万一她醒不过来怎么办？万一她真的长眠不醒了，他怎么办？

文艺界都知道誉满全球的女作家杜拉斯已经昏迷了三个多月了。有些杂志社甚至已经准备好了讣告，一旦那颗苍老的心脏停止跳动，就刊登在头版头条。想到这里，雅恩·安德烈亚就忍不住自己的泪水。

无论别人怎么看待他们的爱情，他心里知道这份爱是真实的，就像他第一次给她打电话时，一听见她的声音，他就知道她已经属于他了，尽管她比他大了整整三十九岁。是的，他终于还是给她打了电话，如他所料，她在电话里滔滔不绝。

他不忍心打断她，但是又担心自己没有足够的钱支付电话费。杜拉斯是敏感的，当她听出对方电话里的迟疑，她意识到雅恩可能出了什么状况，对他说："来特鲁维尔吧，这里离康城不远，我们一起喝一杯。"

就这样,雅恩·安德烈亚就来到了她身边。他清楚地记得那一天是1980年7月29日。放下电话后,他就立即坐上了去特鲁维尔的公共汽车。一路上,他都焦躁不安。他觉得自己实在太荒唐了,因为那些作品,他爱上了作品的作者,一个可以做自己祖母的女人,而现在自己就走在去她家的路上。

如果见到她,他会怎样呢?会拥抱她吗?会亲吻她吗?那么她呢,她又会如何对待他这个年轻的不速之客?公共汽车在多维尔火车站对面停下来。车站里人潮涌动,雅恩·安德烈亚茫然地走在石板路上,他知道杜拉斯就在这个城市里,住在这座城市的黑岩公寓。

他穿过一条条繁华的街道,一座座喧闹的旅店,来到了黑岩公寓。这里的景色很美,与她在《直布罗陀海峡水手》里写的一样美,公寓里那么多窗户,他不知道她在哪一扇窗户里等待着他。

他什么都不看,低着头登上大楼梯,胳膊底下夹着一把雨伞。真奇怪,他那天竟然带了一把伞,那一天根本就没有下雨,他不知道如何处置他的雨伞。

他走进电话亭,给她打电话,告诉她,自己到了特鲁维尔。她并没有表现得特别惊喜，只是淡然地说："如果你愿意的话，我们两小时以后见面。我正在工作，很难脱身。"然后就挂断了电话。

雅恩·安德烈亚不知道她在忙什么工作，写作还是别的事情，他不知道。她也没有问他现在在哪里，在这等待的两个小时里，他可以做什么，就把他晾在了这里。雅恩也无处可去，就坐在楼梯上静静地等待。

在这个陌生的地方，他感觉到一种孤独。两个小时，他必须在这里等待两个小时。这两个小时真的很难熬。

两小时终于到了，雅恩再次拿起电话，这时已是傍晚。她接了电话，还是淡淡的语调，吩咐他说："还没完，七点钟左右再打电话给我，到浴场路去买一瓶红酒。"她把杂货店的店名说得清清楚楚：那是特鲁维尔最好的杂货店。她问："您明白了？不会弄错吧？"她的话总是那么霸道，让人难以拒绝。

雅恩放下电话，去了浴场路，找到那家杂货店，买了一瓶普通的波尔多红酒，他没有更多的钱来满足她的要求。然后他又走回黑岩公寓的大厅。那时可能已近七点，他仍然傻乎乎地夹着那把雨伞。

他第三次给她打电话,她说:"我住在二楼。您在走廊里不会迷路的,走到头儿,在大镜子的右边。"

按照杜拉斯的指示,雅恩找到了那个套间,他敲了门。她开了门,露出了微笑。然后她拥抱了他,说:"您知道,有门铃的。敲门谁也听不见。"

那天的情景就是这样,他走进了这个女人的套间,也走进了她编织的故事里。这个他在文字里爱了五年的女人,现在终于真实地站在他面前了,这一切真的不可思议,难以想象,然而他做了,他们做到了。

第十七章
两情相悦

雅恩·安德烈亚是上帝安排给杜拉斯的最好的礼物。在历经人世风雨之后,在一个人孤独地生活了那么久之后,在她的垂暮之年,即将面对孤单终老、无人照料的困境时,雅恩·安德烈亚带着一份忠贞不渝的爱情来到她身边,给了她所需要的一切关爱与温暖,难道这不是上帝能给予她的最好的礼物吗?

与杜拉斯同居后,雅恩·安德烈亚也问过杜拉斯,当他决定来黑岩与她共同生活的时候,她是怎么想的。

杜拉斯诚实地告诉他，她也恐惧过。在接受与他共同生活还是再继续一个人生活的问题上，她犹豫不决。

那时候，她已经很久没有情人了，别人难以忍受她的古怪，她也不愿意让人过多打扰。然而她却孤独，在她孤独的时候，雅恩·安德烈亚那些源源不断的信件就成了她温暖的寄托。她很喜欢书信传情的方式，在文字里互诉情愫，纯净而美好。为什么要见面呢？她已经衰老，而他却年轻，如果共同生活，他能适应吗？

然而当他推开黑岩套间的门时，所有的担心一扫而光。她很自然地拥抱了他，没有羞涩，没有生疏，好像他们已经在一起好久了。

她把他领进待客室，对他说："每星期写专栏文章真难，每次我都觉得自己写不下去了。"说这话时，她看上去很是疲倦。在此之前，雅恩·安德烈亚一直很奇怪那些美丽的文字，她是怎么写出来，现在她就站在他跟前，而且一进门就向他诉苦，宛如认识很久的老朋友。

原来她写东西也不是那么轻松。他心里想着，然后拿出那瓶红酒，酒很差，但是差不多已经倾其所有，幸好，杜拉斯并没有责怪他买的酒不够好。

她拿了两个杯子，递给他一个，他斟满了酒。然后，她对他说："您来看，这里很漂亮。有两个浴室，其中有一个豪华得让人难以置信。普鲁斯特去卡布尔的大旅店之前，和他的祖母来过这里，住在靠海的那个套间。我喜欢靠院子的那边。整天都是大海，不分昼夜，烦死了。"

雅恩只是听着，一言不发。她真是富有，比起他的寒酸。想来她不会介意的。杜拉斯并没有意识到雅恩的窘迫，只是自顾自地说着："您来看最漂亮的东西：阳台。对面是油港勒阿弗尔。一到晚上，灯火通明。那艘大型客轮似乎向我们驶来，其实它并没有动。我喜欢这阳台，喜欢这烟囱和那水晶般的灯光。"

她滔滔不绝地向他介绍这里的一切，她所拥有的一切，好像一夜之间就要雅恩完全了解她的一生似的，而他总是沉默不语。时间飞快，不知不觉，一下子就十点钟了。她才意识到已经错过了晚餐的时间，她对他说："您一定饿了，我却一点不饿。您去中心酒店吧，那里很不错。我把给《解放报》写的东西再看一遍。"

她没有留他吃晚餐,这个女人就是这样不按常理出牌,她不问他整个下午,他去了哪里,做了什么,也不管他是否了解这里的一切,就这么轻轻松松地把他打发走了,于是饥肠辘辘的雅恩·安德烈亚只好在夜市中瞎逛。

他不敢进那家中心酒店。他知道那里的食物一定很贵,不是他能消费得起的。事实上,买了那瓶酒之后,他也没有钱了。

大约十一点钟,他又回到了杜拉斯的套间。她漫不经心地问他就餐的情况:"怎么样?那里不错吧?"雅恩·安德烈亚只好撒了个谎,说:"没有座位了。"她笑了:"这个季节,在这个地方总是这样子。好啦,我还有块冻鸡。"说完,她拿出了那份冻鸡,看着他慢慢吃完。

在雅恩吃东西的时候,杜拉斯坐在一边依旧絮絮叨叨:"别浪费旅馆费了,而且,到处都满了。我儿子的房间空着。他不在,您可以睡在那里。那里有两张床。"谢天谢地,她终于愿意留下他住宿,而没有再赶他出去。

看他吃完冻鸡，她说："我们去勒阿弗尔转一转吧！我想让您看看勒阿弗尔的美景。灯光，这是世界上最漂亮的东西。"她就是这么霸道，喜欢自作主张，从来不征求雅恩·安德烈亚的意见。

坐了大半天的车，又在街上逛了那么久，雅恩·安德烈亚其实很疲倦，但是，既然女主人那么说了，出于礼貌，他也不能拒绝。

他跟着她走出套间，她开来她的车，一辆"标致104"。尽管她不再那么年轻，但开车的动作却灵动而熟稔。"你应该学会开车。"她说。他答应："是的。"第一个晚上，他一直重复着这两个字。无论她说什么，他都说"是的"。

两个人并肩走在海滩，杜拉斯说："这种景象我百看不厌。有一天，我会把它拍成电影，把所有这些灯光都拍下来。"接着，她开始唱歌，《麻雀》《粉红色的生命》。雅恩也跟着唱起来。听他唱歌，她笑起来："走调走得这么厉害，真是难以置信。我来教您吧。"于是，他们俩一起唱起了《粉红色的生命》。

那一幕真美好。

然后，他们回到黑岩公寓的大厅，坐在镜子对面的大扶手椅上，面对朝着大西洋的篱笆墙。这是富有传奇色彩的大厅。她说，她想喝一杯酒，于是，他上楼回套间去拿酒瓶。她说："这是一个了不起的地方。这种安静，绝了。您在听吗？"他说是的。他们喝着酒。然后分房而眠。在雅恩拿床单的时候，杜拉斯拥抱了他。

这样的矜持，只维持了一个晚上，第二天晚上，他们就睡到一个房间里了。

对于他们的爱情，总是与流言蜚语混杂在一起的。甚至有人明确地嘲讽他们，说他们一个是想侵吞巨额财产的小白脸，一个是被情欲冲昏头脑的女作家，然而他们根本不屑于别人的眼光与言论。

杜拉斯在谈到雅恩·安德烈亚的时候，总会提起保尔，保尔辞世时正好二十七岁。在杜拉斯的潜意识，雅恩就是保尔的化身。她说："我和雅恩，可能是大多数人不愿意承认的一种爱情经历。一种奇怪的力量促使他们不愿相信我们彼此相爱。事实上，我们是彼此相爱的。这种爱很模糊，不能清楚地表达出来，它捉摸不透，但的确存在。我们有共同的精神困境，共同的感受,我们因此而惺惺相惜。"

杜拉斯想表达的意思,现在人有了一种更准确的说法——"灵魂伴侣"。虽然雅恩·安德烈亚并不能完全从身体上爱上杜拉斯,出于男性共同的劣根性——男人们更倾向于喜欢年轻的身体。其实,雅恩是双性恋,但是雅恩的确从精神上依恋着杜拉斯,这一点毋庸置疑。

在雅恩还不知道杜拉斯的面容之前,他就爱上了她美丽的灵魂。那个灵魂不具有真实的形体,只是在她所有的作品中游离,她有着丰富的阅历,敏锐的洞察力,更有她的天真与纯洁。这么一个勇敢、独立、坚强而性感的灵魂,是值得人们倾慕的。

而杜拉斯之所以爱上雅恩·安德烈亚,只是因为他的懂得。他懂得她的坚强与勇敢,也懂得她的孤独与脆弱。在他面前,她根本不是一个叱咤风云的女作家、女斗士,她只是一个天真任性的小姑娘,她信任他,依赖他,在别人面前,雅恩·安德烈亚一无是处,而在杜拉斯跟前,他却是她全部的爱与信仰。

男女之间的关系就是如此玄妙。别人看得出他们年龄真实的差距,却看不到他们在精神上始终保持同龄,他们都是十八岁的模样。这是真的。雅恩·安德烈亚也曾经说："我们真的是同龄，我们相爱，不断重复、永不枯竭的总是这种爱。一种真正的美使它得以更新，并用文字表达出来。用某种文字。"他们是真正的灵魂伴侣，所以，即便他们年龄相差三十九岁，尽管雅恩·安德烈亚还是同性恋，但他们的灵魂始终相爱。

在别人的质疑中，他们一起隐居在了黑岩公寓里。杜拉斯写作的时候，就把自己关在房间里，雅恩就在外面的客厅里等待着她，他什么也不做，就那么安静地等待着她。他的安静让杜拉斯觉得奇怪，有时候，她也会很好奇地问他："你什么都不干，到了这种程度，真让人难以置信。不过这也不坏。您以前也是这样吗？"

每当她这么问的时候，雅恩·安德烈亚都保持着一种安静的沉默。杜拉斯便不再问。沉默，也是他们之间的一种默契。

1980年9月，杜拉斯每周给《解放报》写的专栏文章由子夜出版社出版了，书名叫《80年夏》。她在书的扉页写上"献给雅恩·安德烈亚"的字样，并说："这是我一生中唯一的日记，是糟糕的1980年的夏天堕落的日记。"

从那时候起，世上便有了雅恩·安德烈亚这个名字，这个人。可以这样说：是她创造了雅恩·安德烈亚这个人物，给了他一个名字，给了他一个形象，世上只有她会这么叫他，这个称呼对于他们彼此来说，是独一无二的，那是只属于他们两个的故事。

通过杜拉斯的作品，雅恩·安德烈亚这个名字被许多人所熟知。但是杜拉斯却会警告他说："雅恩，不要自以为是，以为自己是个英雄。不要太自信。仅此而已。我不知道您是谁，我们都不知道。"

她就是这么古怪，不可理喻。她的坏脾气，只有雅恩·安德烈亚懂得，也接受。无论别人以怎样的目光看待他。

1981年，杜拉斯带着雅恩·安德烈亚去里斯本，参加杜拉斯的电影展览。那是雅恩·安德列亚第一次陪着杜拉斯正式出门，他窘迫得不知何以自处。在黑岩公寓，无论别人怎么说，他们都可以不理会，只要躲起来就行，那些好事的、不怀好意的目光就不能刺伤他们，然而那天不一样，他们要一起走出来，接受大众的赞美,也许是嘲讽。

作为群居物种,雅恩·安德烈亚对于自己离经叛道的爱情并没有那么自信。显然杜拉斯比他洒脱得多,毕竟她是久经沙场的战士。

她神色从容地走进大使馆的会客室,雅恩·安德烈亚紧紧跟着她,就像一个初次出门的孩童紧张地依靠着自己的母亲。杜拉斯强大的气场能罩得住一切鄙夷的目光。她是真正的无所畏惧,这让雅恩安心许多。

杜拉斯并没有把他介绍给任何人,什么都没有说,就把他扔在一边不管。在会客室里,她把《80年夏》送给大使,并说:"您看见了,雅恩·安德烈亚就是他。这本书就是献给他的。"然后大使跟他打了招呼。这让雅恩十分难堪,他想离开众人,想走,不待在那儿。但是一看到杜拉斯的镇定,他便又安静下来。

在晚宴上,有人问他是干什么的。他不知道怎么回答,便说:"什么都不干。"这时,杜拉斯就坐在大使身旁,在桌子的另一边,听见雅恩的话后,便很大声地说:"您刚才说得太好了,应该坚持下去。"一时间,所有的目光都射过来,让雅恩不知所措。他不知道看谁，也不知道怎么吃掉跟前盘子里的食物。他就像遭遇一场酷刑。

杜拉斯继续和大使说话，也对雅恩说话，声音一直很大，全桌人都听见："好极了，应该有勇气说这些事。您无所事事，这千真万确。"

大家都沉默了，接着又开始交谈起来，但是没有人特别招呼雅恩。对于杜拉斯情人的身份，他还一时难以接受，公众也是如此，不过这都没关系，大家都习惯了就可以了。

宴会接近尾声时，雅恩已经不那么拘谨了，对杜拉斯的存在视而不见，充耳不闻，好像她并不在场一样。

与杜拉斯一起出门还不是最难的，难的是她刁钻的习性与脾性。晚年的杜拉斯极度自恋，即便她因为酗酒而衰老的容颜，也让她引以为傲。她经常让雅恩背诵《广岛之恋》中的那句名言："你爱我，多么美妙啊！"这让他难堪，他说不出口。他只能借助身体上的亲昵，表达自己对她的爱与尊重。

她接受他的亲昵，并告诉他，爱，就要彻底地爱，包括身体。肉体也要相爱，她会很自傲地对雅恩说："瞧，雅恩，我的皮肤很嫩，那是因为季风雨。您知道。是的，皮肤保护得很好，只有脸受摧残了，其他部位并没有受到影响。大腿，您看我的大腿，它们又长又结实，活像小伙子的大腿。大腿没有变。我运气不错。"

开始的时候，他们还有肌肤之亲，后来，当最初的激情渐渐消减，雅恩·安德烈亚便开始排斥杜拉斯的亲昵，他更喜欢诱惑酒馆里的男侍者。对此，杜拉斯心知肚明，她知道雅恩对她有一种"肉体上的厌恶"。

对于雅恩·安德烈亚的性取向，有时候会让杜拉斯觉得男人很可憎，但她也知道爱一个人就应该接受他的全部，这是让他们灵魂上彼此舒适的方式，他们应该在堕落中结成一体。只要杜拉斯的写作顺利，他们就能相安无事。

但是，当杜拉斯写作遇到困境的时候，她就开始对雅恩发脾气，吵他，骂他，赶他走。她经常发飙："杜拉斯，我烦死你了，雅恩，我烦死你了。你走吧，不要再在我这里白吃白喝。"于是，雅恩便甩门而去，在酒馆里待上一段时间。

只是待上一段时间，安静下来以后，他还是会回去。再回去时，杜拉斯已经恢复平静，她就又开始拥抱他，哄他："告诉我，您能去哪里？您跟一个著名的、十分聪明的女人生活在一起，您什么都不用干，吃住免费。全世界的人都想取代您呢！"

说这话时，她显得霸气十足。雅恩知道她说的都是事实，然而，杜拉斯有时候的确让他厌倦，他有时也不想吃韭葱汤，不想喝中国汤，不想吃都柏林土豆，不想在凌晨三点钟去奥利机场，不希望她老是在那儿盯着他看。他也想一个人静静地待着，不想成为她最喜欢的人，不想再爱。

她总是斩钉截铁地说："这不可能。"雅恩就开始反抗："杜拉斯我受够了！杜拉斯我再也忍受不了了！杜拉斯结束了！"这时候，他们的角色就对调过来了，她让他发火，让他骂，然后走到他身边，抓住他的手："不，别这样说。这不是真的，您跟杜拉斯决不会完。您知道这一点。"

是的，他们之间没有完，不能完，不可能完。于是一切都重新开始。很快，他们就找到了属于他们和谐共处的方式，他们开始一起写书，她口述，他帮她打字。

他们一起组织有趣的对话。

她说："如果一个人聪明，他在什么事情上都聪明。写书、园艺、爱情……一切。要么是十分聪明，要么是一点不聪明。雅恩，你是聪明的。"

于是，雅恩就回答说："聪明是没有止境的。聪明就是创造，就是奇思，就是欢笑、大笑，什么都是。从窗口扔出手提箱、打架、辱骂也是。我们要的就是智慧。因为在生活中，在生活中的这些事件里，首先有您和我的智慧。我们不能抛弃它。

"共同生活的痛苦。那不是痛苦，但说到底还是痛苦。爱情故事，那不是痛苦，然而也是痛苦，厌恶一切，厌恶生命，厌恶您，厌恶我，然而又不是，因为我们相爱，因为我们让此事变得很了不起。相爱，共同生活，您把它说了出来，写了出来。在床上，在书中都如此，我丝毫不怀疑。'像铁一样硬'，正如您说的那样。我不怎么明白，但这是您对我口述的，这些谎言，这整个故事都是我用打字机打下来的。但请告诉我，这是什么故事？'站着睡觉'，正如您说的那样。这一切，全部，生活中和书中有关您我的乱七八糟的东西，它们全都是事实，都是真的。我们都相信，我们都说，我们都做。一切，爱情和书，剩下的一切。直到尽头，直至现在。今天它还在继续，因为我正在写您，我在写。是的，在写。"

是的，唯有写作，成为他们和谐相处的纽带。她日日夜夜地从脑袋里掏出一些词汇，让雅恩·安德烈亚打下来。她说什么，雅恩就打什么，从来不质疑，也不提问题，什么都不问。有时候，她会停下来，与雅恩交流当下的想法与感触，她说："写作，就是寻找适当的运动和速度。您相信吗，那也是一种跳舞方式？"

那时候，雅恩总是腼腆地一笑，对于这样的问题，他从来不知道如何回答她，也就保持着一贯的沉默。有时候，杜拉斯也会鼓励雅恩写作："雅恩，写吧！我知道您应该写些什么。"就像他从来都是听命于她一样，这次他又选择了顺从，他准备写点东西。

他准备了很久，促使他下决心开始写的，却是在杜拉斯进行第三次戒酒的治疗中。上次杜拉斯住院比这次可热闹多了。她住院没多久，就得罪了所有的医生与看护。一提到2327房间的女病人，他们都表现得不耐烦。

清醒的时候,杜拉斯是最难应付的女病人,暴躁、倔强、挑剔,即使是她最脆弱的时候,她对看护给她服用的药剂、食物都无比挑剔。她拒绝饮用医院提供的矿泉水,非要雅恩去买她指定品牌的矿泉水。她自作聪明地为自己开药,好像给她诊治的医生都是傻瓜。

她整天疑虑自己得了脑癌,让医生给她做脑部检查。当检查完,医生告诉她,她的脑袋一切正常时,她就变得懊恼:"噢,这是场闹剧。"然后就拉着雅恩说,她快要死了,赶快给她记录遗嘱,她要给他金钱与房屋。

这时候,雅恩·安德烈亚就会粗暴地训斥她:"别玩这种死亡的把戏了,今晚你死不了。"然后她又一本正经地说:"谁说我会死了,我只是和你抒情地开玩笑,快打字,我要写作,我要把所有版权都给你。"

在病情最严重的时候,她也会哭得像个孩子,她催促雅恩说:"快去结账,我要死了。书越来越不值钱了,人们也无能为力,我要把钱都给你和乌达……"

然而当她出院的时候,她就把病中的一切都忘掉了。康复期很长,在初期,杜拉斯幻觉不断,经常胡言乱语，以至于每天早上，她很安静的时候，雅恩都担心她是不是已经死了。那次治疗是全封闭的，除了雅恩，连乌达也不知道具体的情况。就在这期间，雅恩为她写了一本书《M·D》，这是玛格丽特·杜拉斯的第一个字母的缩写。虽然不太自然，但很真实。后来，杜拉斯经常用M·D来称呼自己。

最终杜拉斯还是以自己顽强的生命力战胜了疾病，重新拿起了笔。在那场疾病中，在自己不断闪现的幻觉中，在交趾支那生活的情景一次次地叩击她的记忆之门，再不写就要来不及了，那个横渡湄公河时遇到的中国男子，那个倚着船舷、戴着男帽的白人少女，那段五味杂陈而又无法割舍的感情日日夜夜在记忆的沙滩上召唤她，催促她……

第十八章
永远的中国情人

杜拉斯终于开始创作那本世界级畅销书——《情人》。她觉得自己的一生应该在这部书里做一个总结,这个冲动一旦萌发,就难以遏制。还是杜拉斯口述,雅恩·安德烈亚打字。

杜拉斯对雅恩说,那场疾病让她回到了自己的十五岁,见到了自己平生第一个情人——李云泰。尽管在以前的作品中,她从来没有提起他,从来没有对任何人提起他,即便是罗贝尔和狄奥尼斯,她都守口如瓶。包括

1971年,李云泰到法国后,给她打电话的事,她都掩藏得严严实实。

早些年不愿承认,是怕母亲知道了伤心,也无法放下自己的自尊:伟大的杜拉斯曾经委身于一个中国男人,这会让她难堪。要知道平时她对黄种人是何等厌弃。承认自己与那个中国男人的爱情,无异于推翻自己曾经表露的一切,那会让人们觉得她杜拉斯表里不一。而现在她觉得自己有勇气来摧毁自己曾经虚构的一切。

李云泰,他在杜拉斯的心里藏得太久了,就像一坛多年陈酿,再结实的盖子也盖不住它的沉香了。于是,她对雅恩讲起了那个故事。讲起那一幕:"横渡湄公河,与那个从漂亮的小卧车里出来的男人相遇,那个北方的中国人,我的第一个情人……"

他们一起创作了这个故事,在诺弗勒城堡,坐在那张大桌子边上,面对着花园。杜拉斯口述,雅恩将她掏出的每一个词语记录下来,他们写到了那个年轻女孩,戴着男帽,脚上穿着妓女常穿的那种嵌着箔片闪闪发光的鞋子。杜拉斯说:"那就是我。我倚着舷墙,再过几秒钟他就要走过来递烟给我了。而我呢,从他抬起脚的那一刻就知道了他眼里的欲望，我却欲擒故纵，我拒绝他了，我说：'不，我不抽烟。'然后，我看见了中国人手指上的戒指，戒指上的钻石、金钱、爱情和将来的故事。"

如果杜拉斯的母亲还在世上，如果活着的玛丽·勒格朗看到了这个即将让杜拉斯风靡全球的故事，她一定会非常痛苦，她一定会的。幸好，她不在了，那么无论杜拉斯怎么讲述这个故事，都不会再伤害到她。

杜拉斯说，这是一个可怜的故事，一个毫无意义的故事。可是持续的时间太久了，经六十年光阴的打磨，每一个音节都闪闪发亮。她每说出一个字，都像从牡蛎中挑出珍珠一样仔细、慎重，生怕破坏每一个细节。雅恩就坐在她身边，把她说的话用打字机打下来。有时，他也会被她打动，特别是当她讲起她的小哥哥保尔，讲起那段爱，讲起小哥哥的死。保尔永远活着，完整无损。杜拉斯讲不下去了，声音哽咽了，即便过去了那么久，他还是杜拉斯不能触及的伤疤。她说："这个孩子的死，我的小哥哥，我的爱人的死，我受不了。一点都受不了。永远受不了。死亡。那种爱，我受不了。"

杜拉斯哭了。雅恩变得不知所措，他忽然傻傻地说了一句："如果我明天死了，如果我明天自杀，您会在两个星期内写一本小书。我敢肯定您会写的。"杜拉斯立即抬起头来，郑重地说："雅恩，求求您了，别说这话。别说了。不是一本小书，而是一本书。"然后，他们一起沉默了。

书每天都在写。完稿时取名《来自中国北方的情人》，1984年由子夜出版社出版，后来获得了龚古尔文学奖，在全世界取得了成功。用杜拉斯的话来说是在"全球"取得了成功。小女孩的故事在世界上的每一个角落都受到了欢迎，全世界都喜欢这个故事。人们情不自禁，没有人不喜欢她。

但是因为这本书的写作，也让狄奥尼斯对杜拉斯生了嫌隙，因为他们的儿子乌达。那时候杜拉斯的儿子乌达快四十岁了，在经济上还要依靠母亲的接济。杜拉斯说"他没有工作"，她也很愿意供养她的两个大男孩：乌达和雅恩·安德烈亚。

乌达是做摄影的，他的工作就是杜拉斯的专业摄影师。每当有人提出要采访她时，她总会问一句："需要照片吗？"随后又补充说，"不应该登照片，太占地方。"如果报纸想刊登照片，除去特殊情况，她都会要求人家用乌达的照片，女作家对此的解释是"我儿子把我拍得最漂亮，我不明白你们为什么要用别人的照片呢？"如果别人不允许，她也不会让步，她认为自己已经无偿地为他们提供了素材，用照片就要用她儿子的，她还会很认真地为乌达"申请一份报酬"。

杜拉斯就是这样吝啬，即便她很有钱了，她还是很舍不得花钱，她的理念就是让那些"有钱人付款。"有时候，与一些导演合作时，她会顺便让人家给她做几条裤子给雅恩穿。她不是没钱做裤子，当时她用钱买了几套公寓，即使以后她赚不了钱了，依靠房租依旧会过得很富裕，但是她却舍不得花钱，如果有机会揩油，她绝不放过。

她的朋友曾经讲起她的一件趣事：有一天晚上，她与杜拉斯一起在巴黎广场散步，走到广场边上时，垃圾箱里的一些碎布片吸引了杜拉斯的目光，她立即停下来，挑拣那些布片，说是做窗帘会很好，这时一个人认出了她，对她说："你就是大作家杜拉斯吧。"杜拉斯丝毫不搭理那人，只管挑拣她的碎布片。

事实上，乌达的摄影技术很一般，就连雅恩·安德烈亚也会批评那些照片拍得不好，但是杜拉斯却很自豪："我就喜欢那些照片，瘦小的双腿，看起来像个女巫……"杜拉斯对别人推销乌达的照片，但从来不声称自己的儿子是多么伟大的摄影师。乌达自己也很低调，从来不愿意干涉母亲的事，如果有人请他做中间人联系杜拉斯，他总会说："你自己找她谈吧。"

在杜拉斯决定写《情人》的时候，乌达正在筹备给她出版一本关于工作和生活的影集。他很重视这个工作，杜拉斯也决定给他的画册做序。就在这时，杜拉斯萌发了创作《情人》的灵感，她立马把乌达的梦想抛置一旁了。

这让狄奥尼斯·马斯科罗非常恼火，他根本不相信杜拉斯无法抑制写作冲动的说法，他怨恨杜拉斯毁了乌达的希望。他认为杜拉斯不希望儿子获取成功，她害怕儿子一旦成功了，就会在经济上脱离杜拉斯的掌控，杜拉斯就是一个控制欲很强的女人，为了操控儿子，不惜一切手段。

事实上，杜拉斯创作《情人》是对自己这一生的总结，自从她的家人——母亲、保尔、皮埃尔，包括李云泰辞世后，关于童年的记忆，她无法再与任何人分享。尽管在过去的作品中，她断断续续地写了一些关于他们的事，但因为他们都还活着，她害怕伤害他们，而不能直截了当地描写他们，现在，他们都去了，她可以无所顾忌地写他们，写她对他们的爱与恨。

还有李云泰，他的爱在杜拉斯一生中占有重要地位，因为过去种种原因，她不能承认，不能提及，在她以前所有的描述中，他是"缺少的一环"，因为她故意删减了这个桥段，致使她以前的作品中不得不充塞了一些谎言，现在，她想揭开那些谎言，偿还对李云泰那份迟到的爱恋。

李云泰、保尔都是杜拉斯一生中相爱却不能承认的爱，前者因为黄色皮肤，后者因为"智力迟钝"，同样的欲望，却止步于某种禁忌，她今生所有的秘密都源于此，她所有的痛苦也都源于此。

现在，她觉得自己必须面对真实的自己了，揭开以前自己在文字中编造的种种谎言，回到十五岁时的玛格丽特，那个站在湄公河渡轮上的白人少女，也许当时她并不知道自己的一生会飘向哪里，但是在接近人生终点的时候，她却很清楚地看清了自己的原点。写作就是"走向自负，迎风而上"，否则就什么都不是。

当杜拉斯最终完稿的时候，她也轻松地放下了自己的过去，她对雅恩说："我没有编造任何东西，哪怕是一个逗号！"在书中，她却什么都没有说，这更像一个无头无尾的故事，但是玛格丽特·杜拉斯最真实的影像却一直叠印其中。

她带着手稿到子夜出版社，找到杰罗姆·兰东，告诉他，她出新作了，可以由他们出版。杜拉斯喜欢子夜出版社，讨厌伽利玛那样的大出版社，大出版社不够重视她，她讨厌那些人的轻蔑。就在稿子交出的那一刻，杜拉斯也不认为自己交出的是今生最得意的作品，她只认为这是一本倾诉自己内心的书，一部回忆录，甚至是一本关于写作的书。

当杰罗姆·兰东看完这本书，却立即意识到在自己手里拿着的这部作品，将是法国文学史上最重要的作品之一，是杜拉斯自《洛尔-V斯坦的劫持》以后最好的作品。他印了二十五万册,仅仅五天便销售一空,加印十万册,两天内又售罄。

杰罗姆·兰东从未在商业上获得过这样的成功,几百万册的销量,译成42种文字,在不同国家地区出版,反映强烈。对于这一现象,报上刊登了大量的文章和访谈,圣伯努瓦街时常被好奇的记者团团围住。

杜拉斯坐在客厅的木椅上接受各种采访与访问,应付自如。1984年9月24日,杜拉斯上了电视台的《新书对话》这个节目,这消息立马登上了头条新闻。杜拉斯坚持在圣伯努瓦家里录制节目,电视台那偌大的座位让她觉得危险,只有在自己家里,她才觉得安全,这样会让她觉得得到了名人待遇。

除去不断地上节目、接受访问,还有成千上万的读者来信雪花般飞向她的住所,简直要疯了。没有人再对她恨之入骨了,她得到了文学界的普遍认可,特别是《情人》获得龚古尔文学奖时,杜拉斯的威望达到顶峰。

中国有句古话:"爬得多高,摔得就有多重",这句话在杜拉斯身上也应验了。那就是"维尔曼事件"。

1985年10月，一个名叫格雷戈里的四岁小男孩被杀了，尸体在瓦拉捏河岸发现。九个月来，人们都对小男孩的死谈自己的看法，谁杀了他？大家怀疑是他的母亲。那时候，这个事件就像一个公共病毒，在全国蔓延，每个人都在谈论母亲杀子后面的隐情或者是动机，一向喜欢发表见解的杜拉斯对这个事件很着迷。

杜拉斯觉得即便是这位母亲杀害自己的儿子，那么这位母亲也一定有着自己不得已的苦衷，她要为这位母亲的罪行伸张正义。杜拉斯一向敢说敢做，她急于向世界展示这个事件的真相，于是她没有接触过任何罪证，没有经过严密的推理，就按着一个写作者的文学构思去演绎这个案子，声称这位母亲的罪行属于"时代与上帝"，她不断地撰文对这个案子的证据提出质疑，并为母亲的杀子行为做出各种开脱。她斥责执法部门无视家庭的痛苦，她这样为这位母亲辩护：这个命运悲惨的女人与一个糟糕的男人生活在一起，那个男人折磨得她生不如死，于是这位母亲愤怒了，疯狂了，在极度压抑的环境下，她不知不觉杀死了自己的孩子，她是不得已的，不自知的……

从罪案的内容、动机到主要人物的作用，杜拉斯写了一篇长文章登载在《解放报》上，对于女作家的说法，遭到了群众的反抗，民众中还是有很多理性的人的，人们以为杜拉斯只是被《解放报》利用了才会发表这样的文章，这相当于坐实了母亲杀子的罪行。

当这位母亲抱着新生儿的照片刊登在《巴黎竞赛画报》上时，杜拉斯有些发窘了，她说："那篇文章，我写得太好了，我再也写不出那么好的文章，非常真实，我完全救了克里斯蒂娜·维尔曼。"杜拉斯不想否认自己曾经写过那样空穴来风似的文章，也不愿意承认自己的错误。

《解放报》的律师对杜拉斯说，不经调查，不经取证，她写那样的文章，会受到谴责的，而杜拉斯却说："我从未指证过克里斯蒂娜·维尔曼，我只是假设她犯了罪。文学让我不能自已，一种超理智的情绪控制了我，如果需要，我会重写。"

维尔曼一家求助女作家，希望她维护公正，恢复维尔曼的名誉，因为这个案件，他们已经支付了巨额的律师费用，如果再为此来一场诉讼，他们的经济举步维艰，而杜拉斯却拒绝了，她对维尔曼的律师说："你要想办法让媒体付钱，是他们的错误造成的。"

1993年2月，法庭当众宣布克里斯蒂娜·维尔曼免于起诉，而杜拉斯只是为自己辩解道："难道艺术家需要谨慎小心吗？对于维尔曼的事，我用了大概、可能……"案情终于有了结果，而杜拉斯的形象却一落千丈，人们不再认为她是一个伟大的作家，而是一个极端自负的怪人。此后，无论杜拉斯发表什么言论，都引得民众的嘲讽或者哄然大笑。

从巅峰滑入人生低谷的杜拉斯，再次坠入"黑洞"里，她要在那里写作，只有文学才能给她再次崛起的力量。她在文学界的地位不是骗来的。

杜拉斯与雅恩又隐居起来了，不与任何人联系，杜拉斯再不与人打交道，也不让雅恩与其他人联系，每当雅恩拿起电话时，她总是走过来问他，给谁打电话，为什么打电话。雅恩只好把自己房间里的电话撤掉，只有他们整天整夜地守在一起，写书，写书，除了写书，没有什么再能引起杜拉斯的注意。

在那段日子里，杜拉斯分外珍惜生命，好像每时每刻都是捡来的一样，非常紧迫。好像过了今天，明天将不存在，似乎已没有未来。她完全沉浸在写作中，雅恩除了坐在打字机跟前为她打字，什么事也不能做，这些年来，她就是这么牢牢地禁锢着他，让他不得挣脱。

晚上，雅恩·安德烈亚会轻松一些，在夜色中，他们开着那辆黑色的小汽车，沿着河边兜风。杜拉斯总是说："您看，这就是湄公河。这条河真是不可思议。世界上还有比它更漂亮的河吗？看，水面的那些灯光，怎样才能描写出来呢？因为我们看着它们，它们只为我们而存在。不，我们对它们毫无办法。"

接着，她又说："我从来没见过谁的车开得这么差。我害怕，我要回去。没必要晚上来散步。"雅恩便怄气说："那以后就别再出来了。"她说："我愿意怎么样就怎么样。这是我的车。属于我的。您从哪儿来可以回哪儿去。我都不知道您从哪儿来。滚吧！让我安静点。"

当时，雅恩有点恼怒，他想说几句话，故意突然刹车，让她痛一痛，要她的命。雅恩说："可事情并不是这样。世界并不是一无所有，还有爱情呢！"

杜拉斯便把脸庞转向雅恩，冷笑道："算了吧，您的爱情和那些闹哄哄的东西，给别人吧！您是疯了还是怎么的。我们回去吧！"杜拉斯总是充满怀疑，无论是雅恩还是别的什么人，她对这个世界缺少应有的信任。

最终导致雅恩·安德烈亚离开她的原因，是因为她在写作中的癫狂，在创作《蓝眼睛黑头发》的时候，杜拉斯强迫雅恩参与到这个故事中：一个同性恋的男人与一个十八岁的女孩，同时爱着另一个年轻的男子，他们都有蓝眼睛，黑头发。后来那个男子死了，同性恋男人与那个女孩同时为他哭泣……

杜拉斯强迫雅恩去饰演那个同性恋的男子，与她对话，这让雅恩觉得压抑，他一字不漏地记录她说出的每一句话，然后一停止，他便逃出公寓，到酒馆里与别的男人厮混。回来后，就冲着杜拉斯大喊大叫，杜拉斯不理他，只是写，不停地写。雅恩便骂她："你整天写些什么，你找个疯子，诺曼底海滨的妓女，一个蠢货，丢人现眼。"

杜拉斯听着，一言不发，然后从他愤怒的情绪中，寻找她需要的写作灵感与激情。她说，雅恩的愤怒能给她写作的动力，她贪婪地从这种暴力里汲取力量。

作品一部部完成，从《蓝眼睛黑头发》《诺曼底海滨的妓女》到《艾米丽·L》。这些书陆续出版，雅恩·安德烈亚却选择了离开杜拉斯，杜拉斯沉迷写作的时候，就是他们之间相处压力最大的时候。

雅恩·安德烈亚不想面对那个真实的自己，但是杜拉斯不允许他逃避，非要把他从他的"黑洞"里挖出来，他没有她那么强大，于是他开始在精神上抵制杜拉斯的侵犯。当精神开始背离，他们之间的裂痕也越来越大。雅恩终于逃了。

雅恩·安德烈亚的出走，让杜拉斯很是痛心。每当她写作时，她习惯了雅恩帮她打字，给她倒酒，晚上，即便两个人分床而眠，但是只要他在隔壁，她就会觉得安心，现在他不在了，那个听话的雅恩不在了，杜拉斯觉得彻骨孤独。

她经常去奥斯特里茨车站的酒吧里转悠，那是雅恩经常去的地方，还有海边、街道，她在他能出现的所有地方寻找他。不知是她太用力，还是太伤心，她陷入了深度昏迷中……

雅恩·安德烈亚听说她病了，立即回来了。他回来了，却再也听不到她的声音，他很难过。他就在病房里守着她，一夜又一夜，甚至有医生问他，要不要给她安乐死。雅恩只是伤心地拒绝，他太难过了，他发誓，只要她醒过来，他便再也不能离开她。他们本来就是整体。

雅恩·安德烈亚日日夜夜守着她，给她读她写过的所有的作品，给她洗身子，梳头……他像一个尽责的丈夫那样照顾着杜拉斯，终于在1989年2月，昏迷了五个月的杜拉斯奇迹般复活。医疗组的医生也无法解释，这个奇迹让他们震惊。也许真相只有雅恩·安德烈亚知道，那是因为爱，是雅恩的爱唤醒了沉睡不醒的杜拉斯，除了爱，还有什么能抵抗上帝的旨意？

杜拉斯醒过来了，尽管她虚弱得还不能说话，她以为她已经在大声地说了，但是人们听不到，只是茫然地看着她恼怒地比画着，雅恩试着把圆珠笔递给她，她很艰难地在纸上写出了"矿泉水"三个字，她还是那个挑剔的杜拉斯，这让他们欣喜若狂，疾病并没有损毁她的智力，这足矣。

当雅恩·安德烈亚慢慢把她生病期间的事，讲给她听时，她总是一副焦虑的样子："我去过冥界，我的声音变了没有？"

经过九个月的治疗，杜拉斯出院了，新闻界热烈祝贺这位"超级巨星的复活"，玛格丽特总是这样称呼自己，"超级巨星"，她属于那种越老越自恋的女人。

玛格丽特终于又可以出来呼风唤雨了，虽然她的声音轻得让人听不清楚，但是她的精神还不错，她说，她已经完成了新作《夏雨》的创作，这部书被人们称为作者的"福音书"，人们为她在作品中的真情流露而心怀悲悯。

经过这次疾病，杜拉斯对自己的身体状态颇为悲观，她想：如果自己下次再遇到这种情况，大概就不会这么幸运了，万一她不在了，那么乌达与雅恩怎么办？她明显感觉到钱不够用，她应该为他们留些钱。

为了赚取更多的钱，杜拉斯把《情人》的版权卖给了让·雅克·阿诺，即电影《情人》的导演。为了保留故事的原汁原味，杜拉斯坚持自己改编电影剧本，阿诺答应了，但接下来的事，差点让阿诺发疯。

因为杜拉斯对自己的作品有着十足的霸权，所以在电影的拍摄上，造成了她与阿诺的很多分歧。她坚持对阿诺说："这是我的电影，你制作图像。"但是阿诺反驳说："如果我制作图像，这就是我的电影了，因为电影就是由图像来叙事的。""不，是语言。"杜拉斯坚持己见。"不，玛格丽特，我可不同意。"然后杜拉斯就大怒："你根本不懂电影，电影就是语言。"

在电影的拍摄中，他们的意见也时常不同，阿诺坚持去越南取外景，而杜拉斯却认为去越南取景，长途跋涉不说，还动用直升机，电影成本会很高，只要在马恩省的河湾就行。选择演员时，为了防止杜拉斯的干预，阿诺干脆取消了杜拉斯的权利。这让杜拉斯很恼火，她看过样片后，说女演员选得太漂亮，男主角太呆板……总之，阿诺做什么，她都认为不好，她认为阿诺要毁了她的作品，他的电影不会取得成功。事实证明，杜拉斯错了，女作家也有失误的时候。

电影在越南拍摄，阿诺不断把外景图片发给杜拉斯，西贡的街道，河流，植物园，沙塞璐·洛巴中学，河附近的堤坝，玛丽·勒格朗创办的沙甸学校……这些都是她童年生活过的地方，几乎没有什么变化。

更让她震惊的是：阿诺竟然拍下了她中国情人李云泰的坟墓给她看。阿诺告诉她，李云泰在1971年已经去世。这让杜拉斯很是伤感。上次李云泰来法国也在1971年，没想到那竟是他最后一次给她电话。她还清晰地记得那天的情景：

"一天，那位昔日的中国情人带着妻子来到巴黎。他给她挂了个电话。是我。一听到这声音，她便立刻认出他来。他说：我只想听听你的声音。她说：是我，你好。他有点胆怯，他和从前一样感到害怕。他的声音突然颤动起来，而这一颤动，使她突然发现他那中国的口音。他说他知道她已经写过好多书，他是从她妈妈那里听来的，他曾经在西贡看见过她的妈妈。然后他对她说出心里话，他说他和从前一样，仍然爱着她，说他永远无法扯断对她的爱，他将至死爱着她——"（小说《情人》）

比起李云泰去世的消息，更让杜拉斯气愤的是，别人竟然肆意揭露她的往事，这让她难以忍受。特别是《巴黎竞赛画报》竟然刊登了李云泰生前的照片，那张刻在她心里很久的面容就这么突兀地出现在她面前，还占了整整一个版面。

杜拉斯愤怒了,她把自己卖给了商人,商人们竟以此为借口来四处兜售她的往事。必须停止合作,必须停止,任何人都不能掠夺她的故事,对于她的作品,她拥有绝对版权。

经过各方的交涉,杜拉斯获得了两年内重新制作这部书的权利,于是她花费了将近一年的时间,重新写这个故事,并在伽利玛出版社出版。

同时,电影《情人》开始公映,电影并没有像杜拉斯预言的那样没有成功,相反,电影引起轰动,在全球触发《情人》热潮。

电影的轰动,也促进了小说的销售,杜拉斯变得眉开眼笑,她说,这要感谢那位导演的"幻觉",无论怎么转,故事还是回到杜拉斯这里,电影总会被人们遗忘,而文字却永恒。

生过那场大病后,杜拉斯写作能力锐减,借着"死刑缓刑期",她一再改写自己以前的作品,就像之前提过的,如果你发现杜拉斯的作品有好多个版本,一点也不奇怪,晚年的杜拉斯以改写自己的故事为乐。

当一个作家没有新鲜的素材来创作,那么她的艺术人生基本也走向了终结,对于一生痴于写作的杜拉斯来说,尤为如此。

第十九章
最后的告白

让我们通过雅恩·安德烈亚的文字来回顾,杜拉斯生前最后几天的生活情境,也许,那样更真实吧——

"杜拉斯在等待。等时间流逝,等上帝召唤。每天都像是偷生。又活了一天。我每星期给您洗一次澡。我把您抱到浴缸里。您大叫:'您是不是想把我杀死?您就是这样杀老妇人的。'您泡在水中。我擦着您的背、您的胸、您的臀部、您的脚,我给您洗头发。您叫道:'杀人犯,我早知道我会被您杀死。'我继续给您洗着,一句话都不说。我碰到了您的皮肤,您瘦瘦的,就像湄公河边的那个女孩一样瘦。中国北方的那个年轻的情人看见并且爱上了那个女孩。我把您抱出水面。您说:'我冷死了,我快冻死了,一点不骗您。'我迅速擦干了您的全身。我给您穿上一件长袖汗衫,一起到您房间里去,给您吹干头发。您很喜欢吹头发。您站在壁炉前,对着大镜子照自己的脸。您很喜欢浴后这么休息一会儿。接着,我给您洒了一点花露水。您搓着手,说:'我从来就不怎么喜欢这种花露水。这东西一定是您的。'

"最后一个澡,最后一餐饭,最后一个微笑,最后一个夜晚,谁知道是在什么时候?在任何情况下,哪怕我们事先知道哪天要死,知道一切都有可能随时停止,不,不会的,我们活着。我们濒临死亡,但我们还活着,我们生活在一起。肉体还在,互相接触,有时还互相抚摸。晚上,我们互相抚摸着脸,想认出什么东西,抓住什么东西,看见什么新的东西,想再写些什么东西。也许吧!谁也不知道。我们确实不知道。我们就当一切都好。好像时间不会停止,必须勇往直前,全身心投入，不要弄虚作假，体验一种激情，一种爱情。因为它很快就要停止；因为它不会停止；因为我在写您，这还没完；因为我在跟您讲述发生了什么事。

"那场爱情确实还没有过去。它还在，凝固在那儿，没有名称。关于它，我什么都不说，我不知道。那是您一手创造出来的。事情还没发生，我就知道那是真的。但愿一切都是真的，以及您和我。我不知道这怎么说，但您知道。因为您每天都在写，都在寻找那个词。不单是那个词，而是那个词前后的别的东西。在我无声之词的窟窿里面寻找。我相信一切都是真的，因为您也说过，我也说过；因为我们今天还在写。一如既往。第一次，在这之前的第一个字。

"在那个星期天，您的躯体很快就被送到巴蒂尼奥勒大道的太平间里去了。我不想再见到那具一动不动的躯体，也不想让任何人见到您已经死去的躯体。那就像是一种耻辱。不要这样让您暴露在别人眼前，暴露在世人眼前。星期天下午五点左右，您的躯体就已经离开了圣伯努瓦路的寓所。圣伯努瓦路空空荡荡的，平台上没有人。没有一个人。一辆灰色的救护车把您运到巴蒂尼奥勒大道的殡葬间。您乘车穿过巴黎,没有我。我留在家里。应该发出通知,应该告诉大家您死了,说3月3日的这个星期天,上午八点,杜拉斯死于巴黎。我将宣布这一消息。我做了。我告诉法国新闻社:杜拉斯死了。法新社向杰洛姆·兰东核实这一消息,说不定是开玩笑呢!我说没错,您的确死了。几小时以前死的。这是真的。我们可以宣布:全世界再也不会有署名为杜拉斯的新书出版了,再也不会了。"

——雅恩·安德烈亚《我的情人杜拉斯》

后记
拒绝杜拉斯

准备了两年，写出来只用了四个月，我的草率不容原谅。开始时便知这是一件费力不讨好的事儿，结束时，这种感觉尤甚。对于一个写手来说，最好的作品永远是未完成，已经完成的，或多或少总有瑕疵。

我终究没有塑造出那个"完美"的杜拉斯，以至于写到最后，我对她的认识依旧是雾里看花。一个人真实的人生经历比一个用文学手段创造出来的故事无趣多了，即便是声名显赫的杜拉斯，纵观其一生，值得回味的事件也不多。

动笔写她的时候，我确信我对她有着热切的期待，有盲目的崇拜，在写的过程中，当我慢慢揭开她身上的光环，我看到的却是一个病态的灵魂，一段苍凉的旅程。

对于写作，杜拉斯并没有任何天赋，至少在相关的文字记载中，我找不到任何记录她天资聪颖的事例，就以她在求学期间的成绩而言，也是资质寻常。而她之所以在文学上取得了这样的成绩，完全凭借她在文学领域内数十年如一日的坚持与奋斗。事实上，直到《情人》问世之前，她在本国还是一个不温不火的作家。

你也不能说这是杜拉斯的幸运，幸运总垂青于有准备的人。为此，杜拉斯奋斗了一生。她在自己十几岁的时候就明确人生目标：做一个作家。尽管有母亲的阻止与嘲讽，也未能改变她对理想的追求与坚持。这与我们大多数人是不一样的，我们总在跌宕的人生旋律中迷失本心。

正是因为这份热爱与坚持，才让玛格丽特·杜拉斯成了独一无二的女作家。中国有句话叫作"不成魔不成活",这句话用在杜拉斯身上恰如其分。为了写作,她把自己逼成了一个妓女,一个荡妇,一个疯子,一个精神病患者……在写作这条路上,她没有给自己留任何退路。这种人生注定是孤独的、绝望的、危险的,至少这不是我有勇气选择的人生。

如果写作让人癫狂,像杜拉斯那样写到最后,无论是人格还是身体都已被摧毁,我宁可不要写作。就这一点来说,我就与玛格丽特差之千里,所以现在她在文学殿堂中熠熠生辉,而我只站在远处,对她递出我的倾慕。当然,这并不是说她的选择一定是对的,我的选择就一定是错的,每个人都有选择生活方式的权利,没有对错,只有合不合适。

我也是在追寻她人生经历的过程中意识到这一点的。未了解她之前,我曾经非常羡慕她有那么一个精彩绝伦的人生:她出生在越南,成就在法国,经历过硝烟弥漫的战争岁月,也经历过无数次痴心虐恋。她的一生就像一幅长轴画卷,气势磅礴,跌宕起伏,然而,这一切真的那么有意义吗?在那个精彩的背后,她流了多少泪,伤过多少心,恐怕也是一般人不能承受的吧。付出多少痛，才会收获多少果，如果她自己有的选择，能理性地审视自己的结局，大概也是有所遗憾的吧。

私下里，我常常把作家分为两大类：特别感性的，这一类人，因为直觉灵敏更容易捕捉人性中转瞬即逝的灵光，并用具体的语言加以艺术化的描绘与加工；还有一种超级理性的，他们的写作是在一种更高规则指导下的有意识的加工与创作。其中更容易取得成绩的应该是感性的那一类人，艺术家太过理性未必是好事。杜拉斯是属于前者的。

如果杜拉斯没有以卓越的写作才华让人们尊敬，她的一生也不过是一个笑话：一个畸形的家庭，一种畸形的家庭关系，每一次恋爱都为世不容，充满质疑与嘲讽，自己性格任性极端又自大狂妄，风流成性，一生的写作都是自己风流韵事的缩影。事实上，杜拉斯本人是很复杂的矛盾体，自恋与自卑，自强与自弃，勇敢与懦弱……人性中所有的矛盾都被她无限大地放大。

于她而言，真是成也写作，败也写作。

在写作过程中，我脑海中时常浮现她在诺弗勒花园的照片，她孤单地坐在长椅上，脚下是缤纷的落叶，透过镜头，她的孤独无处安放。就在那一瞬间，我忽然就明白了一个道理：所谓天才，大多数不具有健康的人格，往往不兼容于世。很难讲是他们的偏执成就了他们的天赋，还是过度沉迷于自己的天赋而忘记了外部的世界。也许，两者兼而有之。

人，这一生，多则百年，少则无计，然而无论光阴长短，在历史的长河中也不过短短一瞬，那么这些屈指可数的光阴到底如何度过，大家便有了不同的选择。我想，我是敬佩杜拉斯的，作为一个与她一样喜欢文字的女人，我更能体会她之所以如此选择的缘由与执念。

写作，总是与孤独相守，与寂寞相伴，如果不是发自肺腑的喜欢，很难坚持初心，直至终老。在这条路上跋涉的人，不计其数，其中的苦乐，除真正意气相投者而不能知。

这世上诱惑太多，困难太多，能把自己的理想坚持下来的人，恐怕是极少数的一部分。如果大家都持之以恒，那么现在的社会应该美好许多，至少不会让浮躁的气息侵扰了灵魂，也不会让污浊的暗流伺机而动。

杜拉斯是坚定的，无论是对于共产主义信仰的坚持还是对写作的追求。在写作中，她也能意识到过度地探索自我世界的真相容易迷失，容易失去人群的认同与归属，而依旧选择了在这座荒原里独自奔跑。

当一切落幕之后，台前的一切任人评说。她一生活得潇洒，活得恣意，没有听命于谁，也没有辜负于谁，她才是真正活出了境界的女人。

以此文写给伟大的女性——玛格丽特·杜拉斯！

葛絮

2015年12月30日于泉城